clave

La obra de **Osho** invita a los lectores a examinar y liberarse de los condicionantes, los sistemas de creencias y los prejuicios que limitan su capacidad de experimentar la vida en toda su plenitud. Osho, uno de los místicos más conocidos y provocadores del siglo XX, ha sido definido por *The Sunday Times* de Londres como «uno de los hacedores del siglo XX». Es conocido por su revolucionaria contribución a la ciencia de la transformación interna, y la influencia de sus enseñanzas continúa creciendo y llega hasta gente con inquietudes de todas las edades en prácticamente todos los países del mundo.

Para más información, puedes consultar la página web del autor:
www.osho.com

OSHO

Miedo

Entender y aceptar las inseguridades de la vida

Traducción de
Fernando Martín García

DEBOLSILLO

Papel certificado por el Forest Stewardship Council®

MIXTO
Papel | Apoyando la silvicultura responsable
FSC® C117695

Penguin Random House Grupo Editorial

Título original: *Fear Itself*

Tercera edición con esta portada
Decimosegunda reimpresión: julio de 2025

Travessera de Gràcia, 47-49. 08021 Barcelona

Diseño de la cubierta: Penguin Random House Grupo Editorial
Fotografía de la cubierta: © Getty Images

El material de este libro ha sido seleccionado entre varias de las charlas dadas por Osho ante una audiencia, durante un período de más de treinta años. Todos los discursos de Osho han sido publicados íntegramente en inglés y están también disponibles en audio. Las grabaciones originales de audio y el archivo completo de los textos se pueden encontrar on-line en la biblioteca de la www.osho.com

Printed in Spain – Impreso en España

ISBN: 978-84-9908-885-3
Depósito legal: B-34.103-2011

Compuesto en Anglofort, S. A.
Impreso en Liberdúplex
Sant Llorenç d'Hortons (Barcelona)

P 8 8 8 8 5 E

Índice

Prólogo

LA DIFERENCIA ENTRE UN VALIENTE y un cobarde no radica en que el valiente no sienta miedo y el cobarde sí; no, esa no es la diferencia. Ambos sienten miedo, en la misma medida. Entonces ¿cuál es la diferencia? La diferencia es que el valiente sigue adelante a pesar de su miedo, y al cobarde le detiene el miedo. ¡Ambos sienten miedo!

Si encontraras una persona que no sintiese miedo, ¿cómo ibas a considerarla valiente? Sería una máquina, no un hombre. Solo las máquinas están exentas de miedo; pero no se puede decir que las máquinas sean valientes. ¿Cómo vamos a considerar «valiente» a una máquina?

Ser valiente es actuar a pesar del miedo. El miedo está ahí, el temblor está ahí, pero no te detiene; no te bloquea. Lo utilizas como un trampolín y, a pesar del miedo y del temblor, entras en lo desconocido.

Ambas posibilidades, el miedo y el valor, existen en todos los seres humanos. Todo dependerá de cuál de ellas elijas. Nunca elijas el miedo, el miedo mutila, paraliza, te destruye sin posibilidad de resurrección. El valor también te destruirá; te destruirá tal como eres, pero esa destrucción será creativa, te proporcionará un renacimiento.

Tanto el miedo como el valor, destruyen; pero el miedo solo destruye. La semilla, simplemente, se pudre. Cuando siembras la semilla del valor, también muere, pero no se pudre. Muere... muere para dar lugar a un nuevo fenómeno, de ella surge un retoño.

El valor, al igual que el miedo, también te matará; pero el miedo te matará y no te proporcionará una nueva vida. El valor sí te proporcionará una nueva vida. Elige el valor; elige siempre el valor.

Es duro, pero también aventurero. Es difícil, incómodo, inconveniente, pero también proporciona grandes éxtasis. Es el precio que hay que pagar por esos éxtasis.

La vida es inseguridad. Cada momento es un acercamiento a la inseguridad. Es una apuesta, uno nunca sabe lo que va a pasar. ¡Y eso es lo maravilloso! Si la vida fuera predecible, no merecería la pena vivirla. Si todo fuese como tú quisieras que fuera, y todo estuviera asegurado, no serías un ser humano, serías una máquina. Solo las máquinas pueden tenerlo todo asegurado y garantizado.

El hombre vive en libertad; y la libertad implica inseguridad e incertidumbre.

También es verdad que, si eres realmente inteligente, dudas a menudo; porque no tienes ningún dogma por el que guiarte, en el que apoyarte. Tienes que observar cada nueva situación y responder.

Lao Tzu dice: «Tengo dudas, y voy alerta por la vida porque no sé lo que va a ocurrir. No tengo principios que seguir. Tengo que decidir cada momento. Nunca decido de antemano. ¡Tengo que decidir cuando llega el momento!».

Entonces uno tiene que estar listo para responder. De eso se trata la «responsabilidad». La responsabilidad no es una obligación, la responsabilidad no es un deber, es la *capacidad de responder*. Quien quiera descubrir qué es la vida ha de estar *listo para responder*.

Es algo que los seres humanos han perdido. Siglos de condicionamiento os han hecho parecer máquinas. Habéis perdido vuestra humanidad, la habéis mercadeado por seguridad. Estáis seguros y cómodos, y todo ha sido planeado por otros. Ellos lo han puesto todo en el mapa, lo han medido todo; lo cual es completamente absurdo porque la vida no puede ser medida, es inconmensurable. No se puede trazar ningún mapa de la vida porque es un flujo constante. Todo está cambiando. Nada, excepto el cambio, es permanente. Heráclito dice: «No puedes bañarte dos veces en el mismo río».

Los caminos de la vida van en zigzag, no son como las vías del tren; no, la vida no va sobre raíles. Y en eso radica su belleza, su gloria, su poesía, su música, en que siempre es sorprendente.

Si buscas seguridad, certeza, tus ojos se cerrarán. Cada vez te sorprenderás menos, perderás la capacidad de asombro. Y cuando pierdes la capacidad de asombro, pierdes la religiosidad. La religiosidad es la apertura de tu corazón asombrado, es una receptividad hacia lo misterioso que nos rodea.

No busques seguridad; no busques consejo acerca de cómo vivir tu vida. Algunas personas vienen y me piden: «Osho, dime cómo debería vivir mi vida». No tienen interés en saber qué es la vida, ¡tienen más interés en matar la vida que en vivirla! Quieren que se les imponga una disciplina; y, claro, en todas partes hay sacerdotes y políticos al acecho dispuestos a hacerlo. Que vayan a ellos, ellos están dispuestos a imponerles su disciplina, disfrutan del poder que les proporciona imponer sus propias ideas a los demás.

Yo no estoy aquí para eso. Estoy aquí para ayudarte a liberarte. Y cuando digo que estoy aquí para ayudarte a liberarte, incluso de mí, estoy aquí para ayudarte a liberarte también de mí.

La etología del miedo

EL MIEDO SOLO EXISTE EN EL MECANISMO DE LA MENTE. Tendrás que aprender a separarte del mecanismo. Nos hemos identificado tanto con el mecanismo que nos hemos olvidado por completo de la distancia. Solo es la mente, y la mente no es otra cosa que el conjunto de los condicionamientos recibidos de otros.

Empieza a observar un poco. Por ejemplo, ves una rosa e inmediatamente dices: «Es hermosa». Analízalo, obsérvalo: ¿de quién son las palabras que estás repitiendo? ¿Esta aseveración de que la flor es hermosa es tu experiencia aquí, ahora, en este momento? ¿Es realmente tu experiencia en este momento, o simplemente estás repitiendo unas palabras que has leído en un libro o que has oído decir a alguien cuando eras niño? Un profesor, un familiar, un amigo… haz memoria, lo que encuentres te sorprenderá. Si te observas en profundidad lograrás recordar: «Es cierto, esa determinada persona fue la primera a quien le oí decir: "Mira que flor tan hermosa"». Eso entró a formar parte de tu programa, y lo has estado repitiendo desde entonces. Y cuanto más lo has repetido, más se ha ido integrando. Ahora es casi como una grabación magnetofónica: Ves la flor, que es el estímulo, e inmediatamente viene la respuesta, la grabación empieza a reproducirse diciendo: «Es hermosa». No eres tú quien lo está diciendo. El programa ni siquiera te ha permitido ver la flor.

Tampoco el miedo procede de tu ser. Obsérvalo, analízalo, entra en ello, y te sorprenderás al descubrir quién te ha enseñado. Alguien te ha hecho temer al amor, a los extraños, a lo desconocido, cuando eras pequeño; de ahí esas voces. Podrás descubrir de quién son esas voces; de tu madre, de tu padre… y no estoy diciendo que estuvieran equivocados. Cuando lo dijeron, tenían sentido.

Pero ahora no lo tiene. Ya eres mayor, ahora esos programas no son apropiados, no son más que resacas del pasado; pero siguen ahí porque la mente no sabe cómo borrarlos; a no ser que te vuelvas muy consciente y los borres conscientemente. La mente no puede borrar sus programas automáticamente. La mente solo tiene la posibilidad de ser programada, no puede desprogramarse a sí misma.

Este es uno de los problemas más fundamentales que se han de afrontar. Y en eso consiste mi trabajo: ayudarte a tomar conciencia de tu programación y, así, puedas separarte y ver que no eres el programa. Solo entonces, cuando haya la suficiente distancia, podrás borrar muchos programas que simplemente han caducado, que ya no tienen sentido pero que, si no te separas de ellos, llevas y llevarás hasta que mueras.

Según he observado, el niño se identifica con su mente programada alrededor de los cinco años. Hasta esa edad, el niño todavía está vivo, porque aún no ha sido programado; después, se transforma en un mecanismo.

Alrededor de los cinco años de edad, se deja de aprender por completo. Uno repite el programa cada vez mejor, más hábilmente, más eficientemente pero, básicamente, es el mismo programa hasta la muerte... a no ser que, por azar, llegues a una situación, a un campo de energía en el que se te pueda hacer consciente; casi obligándote, a pesar de ti mismo, a darte cuenta de todo este disparate que la mente te está jugando.

Siempre que te encuentras con algo nuevo tu mente te dice: «¡Espera! Esto es muy extraño; es algo que no habías hecho nunca antes». La mente te dice: «No hagas nada que no hayas hecho antes; no lo hagas, es arriesgado. ¿Quién sabe cuál será el resultado?». La mente es siempre ortodoxa porque vive a través de programas. Ella quiere que solo hagas aquello que ya has hecho, porque en eso eres bueno, eficiente. Es más seguro, ya sabes hacerlo. Pero si entras en alguna extraña situación, ¿quién sabe lo que puede ocurrir? ¿Quién sabe si será lo correcto o no? ¡Ten cuidado! La mente te dice: «Ajústate al viejo programa, limítate a vivir como lo has estado haciendo hasta ahora; si mantienes la misma rutina, habrá menos posibilidades de errar».

La mente quiere evitar errores, pero la vida no; la vida quiere ir a través de los errores para aprender más; porque solo se aprende yendo a través del intento y el error. Si dejamos de cometer errores, también dejamos de aprender. Y por lo que yo he observado, la gente que deja de aprender se vuelve neurótica; el no aprender es una especie de neurosis. Uno siente miedo a aprender más, así que se mantiene en la misma rutina. Uno se cansa, se aburre pero, no obstante, sigue manteniéndose en la misma rutina porque se ha acostumbrado a ella; le resulta familiar, conocida.

La aparición del miedo solo es una indicación de que ha surgido algo que va en contra del programa que has estado siguiendo hasta ahora, de que has llegado a una situación en la que tendrás que volver a aprender. Eso significa que tendrás que abandonar tu neurosis, significa que todo lo que has hecho, desde tu niñez hasta ahora, desde que tenías cinco años hasta ahora, ha de ser borrado, abandonado poco a poco... para que puedas volver a ser un niño y reanudar el proceso de aprendizaje donde lo habías dejado.

La intensidad con la que me afecta el miedo va desde una ligera incomodidad o nudo en el estómago hasta un pánico vertiginoso, como si el mundo se fuera a acabar. ¿De dónde procede? ¿Adónde se dirige?

Todos tus miedos son producto de la identificación.

Cuando amas a una persona, con el amor, en el mismo paquete, viene el miedo: esa persona puede dejarte. Ya ha dejado a otro para estar contigo; hay precedentes, puede que contigo haga lo mismo. Tienes miedo, sientes un nudo en el estómago. Tu apego es tan grande que no puedes entender el simple hecho de que has venido al mundo solo. Antes, vivías sin esa persona, y estabas perfectamente, sin el nudo en el estómago. Un día, si esa persona se va... ¿a qué viene ese nudo? Tú ya sabes cómo estar sin esa persona, podrás volver a estar solo.

El miedo a que mañana puedan cambiar las cosas... uno se puede morir, se puede arruinar, perder su empleo, mil y una cosas pueden cambiar. Estás repleto de miedos, y ninguno de ellos es válido; porque ayer también estabas repleto de todos esos miedos, innecesariamente. Las cosas pueden haber cambiado, pero todavía sigues vivo. El ser humano tiene una enorme capacidad para ajustarse a cualquier situación.

Se dice que los hombres y las cucarachas son los seres que tienen la mayor capacidad de ajustarse. Por eso, donde sea que haya hombres, habrá cucarachas, y donde haya cucarachas, habrá hombres. Van juntos, son similares. Los primeros hombres que llegaron a lugares tan remotos como el Polo Norte o el Polo Sur se dieron cuenta de que habían traído consigo a las cucarachas y que, además, estaban perfectamente sanas y reproduciéndose.

Solo con observar su distribución en la Tierra se puede ver que el hombre vive en miles de diferentes climas, situaciones geográficas, políticas, sociológicas, religiosas; no obstante, se las apaña para vivir. Y lleva siglos viviendo... las cosas van cambiando y él se va adaptando.

No hay nada que temer. Aunque se acabe el mundo, ¿qué importa? ¡Tú te acabarás con él! ¿Acaso crees que cuando el mundo se acabe quedarás tú solo en una isla? No te preocupes, ¡algunas cucarachas te harán compañía!

¿Qué problema hay si se acaba el mundo? Es algo que me han preguntado muchas veces, pero ¿dónde está el problema? Si se acaba, se acaba. No supondrá ningún problema para nosotros porque no estaremos aquí; estaremos acabándonos con él, y no habrá nadie para preocuparse por ello. En realidad, será la liberación definitiva del miedo. El final del mundo significará el final de todos los problemas, de todas las molestias, de todos los nudos en el estómago. No veo dónde está el problema.

Pero sé que todo el mundo está lleno de miedo. Todo el mundo lleva una especie de coraza, y hay razones para ello. La primera es que el niño nace completamente indefenso a un mundo del que no sabe nada. Como es natural, le da miedo lo desconocido que se encuentra. Todavía no ha olvidado esos nueve meses absolutamente amparado y seguro en los que no había ni problemas ni responsabilidades ni preocupación por el mañana.

Para nosotros, son nueve meses, pero para el niño, es una eternidad. Él no sabe nada de calendarios, no sabe nada de minutos, horas, días, meses. Ha vivido una eternidad en una seguridad absoluta, sin ninguna responsabilidad y, de repente, es arrojado a un mundo desconocido en el que depende de otros. Es normal que tenga miedo. Todos son más grandes y poderosos, y no puede vivir sin su ayuda. Sabe que es dependiente; ha perdido su independencia, su libertad.

El niño es débil, vulnerable, inseguro. Automáticamente empieza a crear una coraza, una protección para sí mismo, de diferentes formas. Por ejemplo, tiene que dormir solo; está en la oscuridad y tiene miedo, pero tiene a su osito de peluche y se convence a sí mismo de que no está solo; su amigo está con él. Se pueden ver niños con sus ositos de peluche en los aeropuertos, en las estaciones de tren. ¿Crees que es solo un juguete? Para ti, lo es, pero para el niño, es un amigo; un amigo que está ahí cuando no hay nadie más para consolarle; en la oscuridad de la noche, cuando está solo en la cama, el osito de peluche siempre está con él.

Creará ositos de peluche psicológicos. Recuerda, aunque un hombre adulto puede pensar que no tiene ositos de peluche, se equivoca. ¿Qué es su Dios? Un osito de peluche. Debido a su miedo en la infancia, el hombre ha creado una figura paternal que lo sabe todo, que está presente en todas las partes, si tienes la fe suficiente en él, te protegerá. Pero la propia idea de la protección, la propia idea de que se necesita un protector, es infantil en sí misma. Entonces aprendes a rezar, que no es más que una parte de tu coraza psicológica; el fin de la oración es recordarle a Dios que estás aquí, solo, en medio de la noche.

Nuestras plegarias, cánticos, mantras, nuestras escrituras, nuestros dioses, forman parte de nuestra coraza psicológica. Es algo muy sutil. El cristiano cree que solo él será salvado, nadie más. Pues bien, ese es su mecanismo defensivo, todo el mundo irá al infierno menos él, porque él es cristiano. Pero eso es común en todas las religiones, todos creen igualmente que solo ellos serán salvados. No tiene nada que ver con la religión, tiene que ver con el miedo y con ser salvado del miedo. Así que, en cierto modo, es natural; pero, en un determinado punto de tu madurez, la inteligencia exige que se abandone. El osito de peluche estaba bien cuando eras niño, pero un día lo tienes que abandonar. Finalmente, un día te desharás de tu coroza, eso significará que habrás dejado de vivir desde el miedo. ¿Qué tipo de vida puede surgir del miedo? Cuando te quitas la coraza, puedes vivir desde el amor, puedes vivir de una forma madura. La persona plenamente madura no tiene miedo, ni defensa; es, psicológicamente, abierta y vulnerable.

Hasta cierto punto, la coraza puede ser una necesidad; quizá lo sea. Pero cuando te hagas mayor, y no me refiero solo al tamaño sino también a la madurez, empezarás a ver lo que llevas a cuestas. Si te fijas atentamente, encontrarás miedo detrás de muchas cosas.

Una persona madura debería desconectarse de todo aquello que esté conectado al miedo. Así es como llega la madurez.

Observa todos tus actos, todas tus creencias, y mira a ver si están basados en la realidad, en la experiencia, o en el miedo. Hay que deshacerse inmediatamente de todo aquello que esté basado en el miedo, sin pensárselo dos veces. Eso es tu coraza.

Yo no puedo fundirla por ti, solo puedo mostrarte cómo deshacerte de ella. Nadie te puede quitar tu coraza psicológica. Serás tú quien tenga que luchar. Tú eres el único que puede hacer algo para quitártela, que es ver todas y cada una de sus partes. Si algo está basado en el miedo, deshazte de ello. Si está basado en la razón, en la experiencia, en la comprensión, en vez de deshacerte de ello, lo que tienes que hacer es convertirlo en parte de tu ser. Pero en tu coraza no encontrarás ni una sola cosa que esté basada en tu experiencia. Todo es miedo, de la A a la Z.

Vivimos desde el miedo, por eso vamos envenenando todas las experiencias. Si cuando amamos a alguien lo hacemos desde el miedo, nuestro amor se deteriora, se envenena. Buscamos la verdad pero, si lo hacemos desde el miedo, no la encontraremos.

Hagas lo que hagas, recuerda una cosa: Desde el miedo no vas a crecer. Solo te empequeñecerás y morirás. El miedo está al servicio de la muerte.

Una persona sin miedo tiene todo lo que la vida quiere regalar. Entonces no hay ninguna barrera. Será colmada de regalos, y todo lo que haga tendrá fuerza, poder, certeza, una gran sensación de autoridad.

Una persona que vive desde el miedo siempre está temblando en su interior. Siempre está al borde de la locura, porque la vida es grande, y si siempre tiene miedo… y existen toda clase de miedos. Se puede hacer una lista muy larga, te sorprenderá la cantidad de miedos que existen; ¡aun así, estás vivo! Por todas partes hay infecciones, enfermedades, peligros, secuestros, terrorismo… ¡y la vida es tan pequeña! Y, al final, está la muerte, que no se puede eludir. Toda tu vida se oscurecerá.

Abandona el miedo; lo adoptaste inconscientemente en tu infancia; ahora abandónalo conscientemente y sé maduro. Si lo haces, la vida puede ser una luz que se va intensificando según vas creciendo.

¿Cómo se puede dominar el miedo o eliminarlo por completo?

El miedo no se puede eliminar por completo, tampoco puede ser dominado, solo puede ser comprendido. Aquí, la palabra clave es comprensión. Solo la comprensión es fuente de mutación, ninguna otra cosa. Si intentas dominar tu miedo, se quedará reprimido en ti, se ocultará más profundamente en ti. Eso no servirá de nada, complicará más las cosas. Dominarlo quiere decir que, cuando emerge, lo puedes reprimir. Puedes reprimirlo tan profundamente que llegue a desaparecer por completo de tu conciencia. Entonces nunca serás consciente de él, pero estará en el sótano, y ejercerá cierta atracción. Se las apañará para manipularte, pero lo hará de una forma tan indirecta que no te darás cuenta. Pero entonces el peligro habrá profundizado y ni siquiera podrás comprenderlo.

No hay que dominar el miedo, no hay que eliminarlo. Además, no se puede eliminar, porque en el miedo hay cierta energía y ninguna energía puede ser destruida. ¿Has observado que en el miedo hay una energía inmensa?; lo mismo ocurre con la ira; ambos, el miedo y la ira son diferentes aspectos del mismo fenómeno energético.

La ira es agresiva y el miedo es no agresivo. El miedo es ira en su estado negativo, la ira es miedo en su estado positivo. ¿Has notado lo poderoso que te sientes, la cantidad de energía que tienes cuando estás enfadado? Cuando estás enfadado eres capaz de levantar y arrojar una roca tan grande que en otras circunstancias serías incapaz de mover. Cuando estás enfadado te vuelves tres o cuatro veces más fuerte. Eres capaz de hacer cosas que normalmente no puedes hacer.

Con miedo, puedes correr tan rápido que serías la envidia de cualquier corredor olímpico. El miedo produce energía; el miedo *es* energía, y la energía no puede ser destruida. De la existencia, no se puede eliminar ni una pizca de energía. Eso es algo que siempre has de tener en cuenta, porque si no, lo que hagas será erróneo. No se puede destruir nada, lo único que se puede hacer es cambiar su forma. No se puede destruir ni una piedrecilla, ni la más ínfima partícula de arena; solo se puede cambiar su forma. No se puede destruir ni una gota de agua. Se la puede convertir en hielo, se la puede evaporar, pero no desaparecerá. Seguirá estando en alguna parte, no se la puede sacar de la existencia.

Tampoco el miedo se puede destruir. Y se ha intentado muchas veces; la gente ha intentado destruir el miedo, la ira, la sexualidad, la avaricia y cosas por el estilo. El mundo entero ha estado afanándose continuamente en destruir tus energías, ¿cuál ha sido el resultado? Que el hombre se ha convertido en un desastre. Nada se destruye, todo sigue estando aquí; lo único que se ha conseguido es que las cosas se hayan vuelto más confusas. Intentar destruir algo no tiene sentido, porque nada se puede destruir.

Entonces ¿qué hay que hacer? Hay que entender el miedo. ¿Qué es el miedo? ¿Cómo surge? ¿De dónde viene? ¿Cuál es su mensaje? Investígalo; sin ningún juicio; solo así comprenderás. Si tienes la idea preconcebida de que no deberías tener miedo, de que el miedo es malo y, por lo tanto, no debería existir, no podrás investigar. ¿Cómo vas a confrontar el miedo? ¿Cómo vas a mirar al miedo directamente a los ojos si ya has decidido de antemano que es tu enemigo? Nadie mira al enemigo directamente a los ojos. Si crees que es algo malo, intentarás pasar de largo, sortearlo, no prestarle atención. Intentarás no cruzarte con él, pero eso no servirá de nada, seguirá estando ahí.

Primero, abandona toda condena, juicio, evaluación. El miedo es una realidad. Hay que afrontarlo, hay que comprenderlo. Solo se le puede transformar por medio de la comprensión. De hecho, por medio de la comprensión se le transforma. No hace falta hacer nada más; la comprensión lo transforma.

¿Qué es el miedo? En primer lugar, el miedo siempre está relacionado con un deseo. Si, por ejemplo, quieres ser famoso, el hombre más famoso del mundo, surge el miedo. ¿Qué pasa si no lo consigues?; entonces surge el miedo. Luego el miedo aparece como producto del deseo. Quieres llegar a ser el hombre más rico del mundo pero ¿y si no lo consigues? Empiezas a temblar, aparece el miedo. Quieres poseer a una mujer, entonces surge el miedo a que mañana no puedas retenerla a tu lado, a que se vaya con otro. Ella está viva, así que puede irse. Si estuviera muerta no podría irse; pero todavía está viva. Solo se puede poseer a un cadáver; en ese caso no hay nada que temer, el cadáver se quedará. Se puede poseer muebles, entonces no hay nada que temer. Pero cuando intentas poseer a un ser humano, aparece el miedo. ¿Quién sabe?, ayer no era tuya, hoy es tuya... ¿Quién sabe si mañana se irá con otro? Entonces aparece el miedo. El miedo nace del deseo de poseer, es un subproducto; cuando se quiere poseer, surge el miedo. Si no quieres poseer, no hay miedo. Si no albergas el deseo de ser en el futuro esto o aquello, no hay miedo. Si no quieres ir al cielo, no hay miedo; entonces, el sacerdote no puede amedrentarte. Si no quieres ir a ninguna parte, nadie puede amedrentarte.

Si empiezas a vivir en el momento, el miedo desaparecerá. El miedo viene a través del deseo. El deseo, básicamente, produce miedo.

Obsérvalo. Siempre que sientas miedo, mira a ver de dónde procede; qué deseo lo está creando; y sé consciente de su inutilidad. ¿Cómo se puede poseer a un hombre o a una mujer? Es una idea extremadamente absurda, estúpida. Solo se pueden poseer las cosas, no las personas.

Una persona es una libertad. Una persona es hermosa por la libertad. El pájaro es hermoso volando por el cielo, si lo enjaulas ya no es el mismo pájaro, recuérdalo, parece el mismo pájaro pero ya no lo es. ¿Dónde está el cielo? ¿Dónde está el sol? ¿Dónde los vientos? ¿Dónde las nubes? ¿Dónde la libertad de sus alas? Todo ha desaparecido. Ese no es el mismo pájaro.

Amas a una mujer porque es una libertad. Luego la enjaulas: vais al juzgado y os casáis; construyes una hermosa jaula para ella, puede que la jaula sea de oro con diamantes engastados, pero ella ya no es la misma mujer. Entonces surge el miedo, miedo porque puede que no le guste esta jaula y vuelva a anhelar libertad, porque la libertad es un valor supremo, no se puede abandonar.

El hombre está hecho de libertad, la conciencia está hecha de libertad. Así que, tarde o temprano, la mujer empezará a aburrirse, a estar harta. Empezará a buscar a otro. Eso te da miedo. Tu miedo surge de tu deseo de poseer; pero, en primer lugar, ¿por qué quieres poseer? No seas posesivo, y no tendrás miedo. Y, cuando no tienes miedo, gran parte de la energía que requiere, que captura, que encierra el miedo, está a tu disposición; puedes utilizarla creativamente. Se puede convertir en danza, en celebración.

¿Tienes miedo a la muerte? No puedes morir, porque, en primer lugar, no existes. ¿Cómo vas a morir? Busca en el interior de tu ser, en profundidad. ¿Hay alguien ahí que se vaya a morir? Por muy meticulosamente que busques, no encontrarás ningún ego, ningún «yo». Así que no hay posibilidad de morir. Lo único que origina el miedo a la muerte es la idea del ego. Sin ego, no hay muerte. Eres todo silencio, inmortalidad, eternidad; no como tú, sino como un cielo abierto, ilimitado, indefinido; sin ninguna idea del yo o el mí que le contamine. Entonces no hay miedo.

El miedo viene porque hay otras cosas. Tendrás que observar esas cosas, y el observarlas empezará a cambiarlas.

Así que, por favor, no preguntes cómo dominar o destruir el miedo. No hay que dominarlo, no hay que eliminarlo. No puede ser dominado ni destruido, solo puede ser comprendido. Deja que la comprensión sea tu única ley.

Sé que cualquier idea de seguridad externa es insensata e irrealista, pero ¿no existe alguna seguridad interna que podamos conseguir esforzándonos?

No hay ninguna seguridad, ni interna ni externa. La seguridad no existe, por eso la existencia es tan hermosa. Imagínate que una mañana una rosa empezase a pensar en su seguridad; ¿qué ocurriría? Para estar completamente segura, la rosa tendría que ser de plástico; si no, estará insegura. Cualquier ráfaga de viento fuerte puede arrancarle los pétalos. O puede pasar un niño y cortarla. O puede pasar una cabra y comérsela. Puede ocurrir cualquier cosa; y aunque no pase ningún niño, ninguna cabra, ninguna ráfaga de viento, al atardecer se habrá marchitado. Aunque no ocurra nada extraordinario, se marchitará.

Pero en eso radica la belleza de la rosa, por eso es tan hermosa; porque vive rodeada por la muerte, desafiando a la muerte, desafiando a los vientos. Un desafío tan grande para una florecilla tan pequeña, insignificante, pero está por encima de todas las dificultades y peligros. Puede que tan solo por unos minutos o unas horas, eso no importa, el tiempo es inmaterial, pero tiene su propio día. Ha vivido, ha hablado con los vientos, con el sol y la luna, ha visto las nubes. Y con una gran dicha, ¡con una gran pasión! Luego muere; no se aferra. Una rosa aferrándose sería fea; solo los seres humanos son capaces de tal fealdad. Cuando llega su hora, la flor simplemente muere y desaparece en la tierra de la que procede. No hay seguridad externa ni seguridad interna. La inseguridad es el material del que está hecha la vida.

Esa es la diferencia entre mi trabajo y el de otros profesores: ellos te proporcionan seguridad, yo te quito la seguridad. Te hago consciente de las beldades de la vida; sus riesgos, sus inseguridades. Te hago más sensible. Y esa mayor sensibilidad alberga un desafío y una aventura mayores. Entonces uno no se preocupa de si habrá o no habrá un mañana, hoy es más que suficiente. Si somos capaces de amar, si somos capaces de vivir, este día es más que suficiente.

Un simple momento de amor profundo es eternidad. ¿A quién le importa la seguridad? La propia idea surge de la avaricia, la propia idea surge del ego. Ya sea seguridad interna o seguridad externa, no hay ninguna diferencia. Uno tiene que indagar concienzudamente y ver que no hay seguridad, que no es posible en la propia situación de existencia. En ese mismo momento, ocurre una gran revolución en tu ser; eres metamorfoseado.

Jesús llama a ese momento *metanoia*. Eres convertido... no significa que te conviertes en cristiano, en católico o en protestante. En ese momento dejas de ser mundano.

Buscar seguridad es ser mundano. Vivir en inseguridad como una rosa es ser espiritual.

La seguridad es del mundo; la inseguridad es de lo divino.

Muertos de miedo
Explorando las raíces del miedo

CUANDO LA GENTE VIVE CON MIEDO, sus vidas no tienen mucha vitalidad. El miedo mutila y paraliza. Te corta las raíces, no te permite alcanzar tu altura máxima, tu ser máximo. Mantiene a la gente pigmea, espiritualmente pigmea. Crecer hasta donde estás destinado requiere un gran coraje, requiere valentía, la valentía es la virtud más religiosa.

Las personas que están llenas de miedo no pueden ir más allá de lo conocido. Lo conocido proporciona cierta comodidad, seguridad, protección, porque es conocido. Uno lo conoce a la perfección, sabe cómo manejarse en ello, puede estar casi dormido y seguir manejándose en ello; no hace falta estar despierto; esa es la ventaja de lo conocido.

En cuanto cruzas la frontera de lo conocido, surge el miedo, porque entonces serás ignorante, no sabrás qué hacer y qué no hacer. Entonces no estarás tan seguro de ti mismo, puedes cometer errores; te puedes extraviar. Ese es el miedo que mantiene a la gente atada a lo conocido, pero cuando una persona está atada a lo conocido, está muerta.

La vida solo se puede vivir peligrosamente; no hay otra forma de vivirla. Solo a través del peligro, la vida crece, alcanza la madurez. Uno tiene que ser aventurero, estar siempre dispuesto a arriesgar lo conocido por lo desconocido. Y cuando uno ha catado la dicha de la libertad y la temeridad, nunca se arrepiente porque entonces sabe lo que significa vivir en lo óptimo. Entonces uno sabe lo que es quemar la antorcha de su vida por ambos extremos a la vez. Un simple momento de esa intensidad es más gratificante que toda una eternidad de vida mediocre.

Uno le tiene miedo a la muerte porque no sabe qué es la vida. Si sabes qué es la vida, el miedo a la muerte desaparece por sí solo. No se trata en absoluto de la muerte, se trata de la vida. Pero como no sabemos qué es la vida, nos da miedo que se vaya a acabar un día. Ni siquiera hemos vivido. ¿Cómo vas a vivir sin saber lo que es? Ni has vivido ni has amado, simplemente te has arrastrado, has vegetado. Pero hay una cosa de la que estás seguro: la muerte se va acercando más cada día, cada momento, de ahí el miedo. El miedo es natural, porque la muerte cerrará la puerta para siempre y te irás sin ni siquiera llegar a saber qué es la vida. Se te ofreció una oportunidad, una gran oportunidad, pero no la has aprovechado.

Lo vas posponiendo para mañana. Dices: «Mañana viviré». Pero, al mismo tiempo, simultáneamente, sabes que hay un miedo: «Mañana, ¿quién sabe? Puede que mañana venga la muerte, ¿qué pasa entonces?». Has pospuesto la vida para mañana y ya no hay más mañanas; ¿qué pasa entonces? Que surge el miedo.

Pero no sabes cómo vivir ahora mismo. Nadie te enseña a vivir en el presente. Los predicadores, los políticos, los padres, todos te hablan del mañana. Cuando eres niño te dicen: «Cuando te hagas hombre sabrás lo que es la vida». Cuando ya eres un hombre, te dicen: «Todavía eres un joven alocado, la juventud es inconsciente. Cuando seas mayor lo entenderás». Y cuando eres mayor te dicen: «Estás acabado. Ya no queda nada, eres como una pila gastada». ¡Este es un mundo extraño!

Cuando yo era niño, como todos los niños, solía preguntar a los mayores miles de cosas. Para ellos, yo era poco menos que una tortura porque mis preguntas les resultaban embarazosas. Así que, lo más fácil para ellos era decirme: «Todavía eres demasiado joven, espera».

Uno de los amigos de mi padre tenía fama de santo en todo el pueblo. Yo solía ir con mi padre a verle, era a él a quien más torturaba. Siempre me decía: «Espera. Todavía eres demasiado joven y tus preguntas son muy complicadas. Cuando seas un poco más mayor, podrás entender».

Yo le dije: «Por favor, escríbame en un papel la fecha que considere que yo seré adulto, porque entonces le volveré a formular estas mismas preguntas. ¡Porque eso es un truco suyo! Siempre que le pregunto, y llevo haciéndolo durante al menos cinco años, me contesta lo mismo: "Cuando seas mayor...". ¡Puede que siempre me siga diciendo lo mismo! Así que, deme la fecha por escrito y con su firma».

Entonces me di cuenta de que le temblaba la mano. Le dije: «¿Por qué le tiembla la mano? ¿De qué tiene miedo? Si sabe a qué edad una persona adquiere la capacidad de entender, escríbala en el papel. Si es a los veinte años, le preguntaré cuando tenga veintiuno; ¡le daré un año de margen!».

Escribió que a los veintiuno.

Entonces le dije: «De acuerdo, no regresaré hasta que tenga veintidós años».

Debió de pensar: «Al menos, durante un tiempo no tendré problemas. ¿Quién sabe? Cuando tenga veintidós...». Por aquel entonces yo tendría unos catorce años.

En cuanto cumplí los veintidós años, regresé, acompañado de un montón de gente que había congregado para la ocasión, y le dije: «Aquí está su carta. ¡Ahora contésteme!».

Él me dijo: «¡Eres un verdadero incordio! ¿Por qué has traído a toda esta gente?».

Yo le contesté: «Para que sean testigos de que me ha estado engañando. Y la cuestión no es solo que usted me engañara a mí, sino que, además, eso es lo que está ocurriendo en todo el mundo. Todas las personas mayores engañan a los jóvenes, diciéndoles: "mañana", y ese mañana nunca llega. Ya tengo veintidós años, y usted firmó en este papel que a los veintiuno. Le he dado un año de margen, por si yo no fuera lo suficiente avispado y necesitara un poco más de tiempo para madurar. Pero ahora no me marcharé, me quedaré aquí hasta que conteste a todas mis preguntas».

Él me dijo: «Está bien, admito que no sé nada. Pero, por favor, no me preguntes más. Perdóname, tienes razón; te mentí».

«¿Por qué le mintió a un niño?», le pregunté. «¿Cómo pudo mentirle a un niño que preguntaba tan inocentemente, que confiaba en usted? ¡Y usted le engaña! No sabe si Dios existe o no, y a pesar de ello, me decía que existía y que más tarde lo comprendería. Ya entonces, yo me daba cuenta de que ni siquiera usted lo comprendía. No sabe nada de Dios, lo único que hace es repetir como un loro.»

Pero así están las cosas; los maestros, los profesores no saben, los sacerdotes no saben, pero, aunque no saben, fingen saber. Y toda su estrategia se basa en un simple truco, seguir posponiendo: «Tú también sabrás a su debido tiempo». Claro, este nunca llega, nunca maduras. Y cuando eres lo bastante mayor tienes que salvar las apariencias, así que empiezas a decir las mismas cosas a los niños.

Si amas a tus hijos, si amas a tus hermanos o hermanas pequeños, nunca les mientas. Sé sincero con ellos, «no lo sé, estoy intentando descubrirlo». No lo pospongas para mañana.

Toda nuestra vida es un posponer, de ahí el miedo a la muerte: «Todavía no sé, y la muerte se acerca». Todo el mundo tiene miedo por la sencilla razón de que todavía no han saboreado la vida. El hombre que sabe lo que es la vida, no le tiene miedo a la muerte; le da la bienvenida a la muerte. Cuando llega la muerte, le da un abrazo, la saluda, la recibe como se recibe a un invitado. Para el hombre que no sabe lo que es la vida, la muerte es un enemigo. Para el hombre que sabe lo que es la vida, la muerte es el crescendo supremo de la vida.

Pero todo el mundo le tiene miedo a la muerte; además,

es contagioso. Los padres le tienen miedo a la muerte, los vecinos le tienen miedo a la muerte. Los niños pequeños acaban contagiándose de ese constante miedo que le rodea. Todo el mundo le tiene miedo a la muerte. La gente no quiere ni hablar de ella.

Cuando alguien muere, hay expertos que lustran el cuerpo. Puede que la persona no haya tenido mejor aspecto en toda su vida; ¡maquillado, con las mejillas tan sonrosadas que parece que acabara de regresar de unas vacaciones de tres meses en Florida! Su aspecto es tan sano que parece que ha estado haciendo ejercicio y que, en ese momento, está haciendo la postura yoga del muerto; en realidad, no parece que esté muerto. Tiene que dar la impresión de que no está muerto. Incluso lo escriben en las lápidas: «No está muerto, solo dormido». Y en todos los idiomas, cuando alguien muere, nadie dice simplemente que está muerto. Decimos: «Se ha ido al cielo. Se ha convertido en un amante de Dios, Dios le ha elegido y le ha llamado. Se ha ido al otro mundo». Solo se habla de la divinidad de las personas cuando están muertas.

Cuando un hombre muere, nadie habla mal de él, nadie dice nada malo de él. De repente, se convierte en un santo, un gran santo. Nunca se podrá llenar el vacío que ha dejado, el mundo siempre le añorará, era tan esencial. ¡Pero, mientras estaba vivo, nadie se había dado cuenta! Eso son artimañas; artimañas para mantener a la muerte alejada, para cerrar las puertas y olvidarse por completo de la muerte.

En una verdadera humanidad no habría ningún tabú; el sexo

no sería tabú, la muerte no sería tabú. Habría que vivir la vida en su totalidad, y la muerte forma parte de la vida. Uno debería vivir totalmente y morir totalmente.

Creo que mi temor a la enfermedad, el dolor y la vejez que pueden llevar a la muerte es superior al de la propia muerte. ¿Cómo puede uno sobreponerse al dolor físico?

El dolor psicológico puede ser disuelto, solo el dolor psicológico. El otro dolor, el dolor físico, forma parte de la vida y la muerte; no hay forma de disolverlo. Pero nunca causa problemas. ¿Te has fijado?; el problema solo existe cuando estás *pensando* en él. Cuando piensas en la vejez sientes miedo; sin embargo, los viejos no están temblando. Cuando piensas en la enfermedad sientes miedo; pero cuando la enfermedad ya se ha producido, no hay miedo, no hay problema. Uno lo acepta como un hecho. El verdadero problema es siempre psicológico. El dolor físico forma parte de la vida. En cuanto empiezas a *pensar* en ello, deja de ser físico y pasa a ser psicológico. Cuando piensas en la muerte sientes miedo; pero cuando la muerte está ocurriendo no hay miedo. El miedo siempre tiene que ver con algo en el futuro. El miedo nunca existe en el momento presente.

Si vas a ir a la guerra, al frente, tendrás miedo, estarás muy inquieto. Tendrás temblores, no podrás dormir; las pesadillas te acosarán. Pero una vez que estés en el frente, pregunta a los soldados, te olvidarás por completo. Puedes comer tranquilamente mientras las balas silban a tu alrededor, puedes jugar a las cartas mientras caen las bombas.

La realidad nunca se presenta como un problema, lo que causa los problemas son las ideas acerca de la realidad. Así que lo primero que hay que entender es que si consigues disolver el dolor psicológico, no quedará ningún problema. Entonces empezarás a vivir en el momento.

El dolor psicológico es o bien del pasado o bien del futuro, nunca del presente. La mente nunca existe en el presente. En el presente, existe la realidad, no la mente. De hecho, la mente y la realidad nunca se encuentran. Nunca se han visto las caras. La realidad permanece ignota para la mente, y la mente permanece ignota para la realidad.

Hay una vieja fábula...

> La oscuridad se acercó a Dios y le dijo:
>
> —¡Ya estoy harta! Tu sol no deja de acosarme, de perseguirme. No puedo descansar nunca; a cualquier parte que vaya a descansar, viene él y, otra vez, tengo que volver a escapar. Y yo no le he hecho nada, ¡no es justo! He venido a ti para pedir justicia.
>
> Era absolutamente cierto; la queja era justificada. Dios llamó al sol y le preguntó:
>
> —¿Por qué te dedicas a acosar a la pobre oscuridad? ¿Qué te ha hecho?
>
> —¡Pero si ni siquiera la conozco, no la he visto en mi vida! Que venga para que yo la vea; a lo mejor entonces comprendo

algo. No recuerdo haberle hecho nada malo, ni siquiera la conozco. No hemos sido presentados, no nos conocemos. Esta es la primera vez que oigo hablar de ella, de esa tal oscuridad. ¡Hazla venir! —le contestó el sol.

El caso quedó pendiente porque Dios no podía traer a la oscuridad en presencia del sol. No pueden existir juntos, no se pueden encontrar. Donde esté la oscuridad no puede estar el sol; donde esté el sol no puede estar la oscuridad.

La relación entre la mente y la realidad es exactamente igual. El problema es la psicología, la realidad nunca es el problema. Disuelve tus problemas psicológicos; y la forma de hacerlo es disolviendo el centro de todos ellos, el ego. Una vez que no te piensas separado de la existencia, los problemas simplemente se evaporan, como las gotas de rocío cuando sale el sol, sin dejar ni huella. Simplemente desaparecen.

El dolor físico permanecerá, pero, vuelvo a insistir, eso nunca ha sido un problema para nadie. Si tu pierna está rota, está rota. No es un problema. El problema solo está en la imaginación: «Si me rompo una pierna, ¿qué voy a hacer? ¿Cómo voy a evitarlo, cómo voy a comportarme de forma que nunca se rompa?». Pero, no se puede vivir con ese miedo, porque se te pueden romper las piernas, se te puede romper el cuello, te puedes quedar ciego, pueden pasar millones de cosas. Si te obsesionas con todos los problemas que podrían ocurrir... No estoy diciendo que no vayan a ocurrir, puede que ocurran. Si le ha ocurrido a alguien, también te puede ocurrir a ti. Un cáncer, tuberculosis, la muerte, todo puede ocurrir. El ser humano es vulnerable. Puedes salir a la calle y atropellarte un coche.

Tampoco estoy diciendo que no salgas a la calle. ¡Puedes estar en tu habitación y derrumbarse el techo! No hay ninguna manera de estar plena y absolutamente seguro. Puedes estar tranquilamente tumbado en la cama, ¿sabes que el noventa y siete por ciento de las personas mueren en la cama? ¡Es el lugar más peligroso! Evítalo siempre que puedas; no te acuestes nunca en la cama porque el noventa y siete por ciento de la gente muere en una cama. Ni viajar en avión es tan peligroso; es más peligroso estar en la cama. Y recuerda, muere más gente por la noche... así que ¡tiembla!

Depende de ti. Te sería completamente imposible vivir.

Los problemas psicológicos son los únicos que existen. Puedes volverte paranoico, puedes sentirte dividido, puedes quedarte completamente paralizado por el miedo; pero eso no tiene nada que ver con la realidad.

Puedes ver ciegos caminando por la calle sin problema; la ceguera en sí no es un problema. Puedes ver mendigos con las piernas deformes, sin manos, que, aún así, ríen y cotillean entre ellos, hablan de mujeres, comentan, cantan melodías.

Simplemente observa la vida: la vida nunca es un problema. Tenemos una gran capacidad para adaptarnos al *hecho*, pero no tenemos la capacidad de adaptarnos al futuro. En cuanto intentas protegerte y asegurarte para el futuro, te estás metiendo en un torbellino, en un caos, empiezas a derrumbarte. Y ni siquiera puedes suicidarte, porque, a lo mejor, el veneno no es el adecuado. Puede que alguien le haya mezclado algo; puede que ni siquiera sea veneno. Puede que te lo tomes, te tumbes, esperes y esperes, y la muerte no venga.

Entonces todo es un problema.

> El mulá Nasrudin se iba a suicidar. En la calle se cruzó con un astrólogo que le dijo:
>
> —Mulá, espera. Deja que te lea las manos.
>
> —¿Qué me importa la astrología? ¡Me voy a suicidar! No tiene sentido, no hay futuro —le dijo él.
>
> Entonces el astrólogo le dijo:
>
> —Bueno, déjame ver si lo consigues o no.

El futuro permanece. Puede que no lo consigas, puede que la policía te lo impida, puedes fallar el tiro. No hay forma de tener certeza respecto al futuro; ni siquiera respecto a la muerte, ni siquiera respecto al suicidio, ¿qué decir de la vida? La vida es un fenómeno muy complejo; ¿cómo vas tener certeza? Todo es posible y nada es seguro.

Si tienes miedo, es debido a tu psicología. Hay que hacer algo con tu mente. Si me entiendes correctamente, entenderás que la meditación no es más que un esfuerzo para mirar a la realidad sin la mente; porque esa es la única manera de mirar a la realidad. La mente distorsiona, corrompe la realidad. Aparta la mente y ve la realidad directamente, inmediatamente, cara a cara; verás que no hay problema. La realidad nunca le ha causado ningún problema a nadie. Yo estoy aquí, tú también estás aquí; no veo ningún problema. Si caigo enfermo, caigo enfermo. ¿De qué hay que preocuparse? ¿Por qué darle tanta importancia? Si me muero, me muero.

El problema necesita espacio. En el momento presente no hay espacio. Las cosas solo ocurren, no hay tiempo para pensar en ello. Se puede pensar acerca del pasado porque hay distancia; se puede pensar acerca del futuro, hay distancia. De hecho, el futuro y el pasado solo fueron creados con el fin de darnos espacio para poder preocuparnos. Y cuanto más espacio tienes, más preocupación.

Ahora, en culturas como la india, la gente está incluso más preocupada porque piensa en la próxima vida, y en la siguiente y la siguiente, hasta el infinito. «¿Qué ocurrirá en la próxima vida?» Cuando una persona va a hacer algo no piensa solo en las consecuencias inmediatas que pueda causar aquí y ahora sino que piensa: «¿Qué karma voy a acumular para mis vidas futuras?». Entonces se preocupa aún más. En culturas como la india, la gente tiene más espacio. ¿Cómo va a llenar ese espacio? Con problemas y más problemas. Preocuparse es una manera de llenar el espacio vacío del futuro.

El dolor físico no es un problema; cuando está ahí, está ahí; cuando no está ahí, no está ahí. El problema surge cuando algo no está ahí y tú quieres que esté, o cuando está ahí y tú no quieres que esté. Ese tipo de problemas siempre son psicológicos. ¿Por qué está ahí el dolor? Es completamente psicológico. ¿Quién puede decir por qué está ahí? Nadie lo puede decir. Se pueden dar explicaciones, pero, en realidad, no son la respuesta.

Es fácil dar explicaciones. Es muy sencillo: el dolor existe porque existe el placer. El placer no puede existir sin el dolor. Si quieres una vida absolutamente carente de dolor, tendrás que vivir una vida absolutamente carente de placer; ambas cosas van juntas, en un paquete. En realidad, no se trata de dos cosas diferentes, son una misma cosa; no son diferentes, no están separadas ni se las puede separar.

Eso es lo que el hombre ha estado intentando hacer a través de los siglos: separar; intentar, como sea, disfrutar de todo el placer del mundo y no padecer ningún dolor. Pero eso no es posible. Cuanto más placer sientes, más dolor sientes también. Cuanto más grandes sean las montañas, más profundos serán los valles a sus pies. Si no quieres que haya valles, no podrá haber montañas; las montañas solo pueden existir si existen los valles. Los valles no son más que una situación en la que las montañas son posibles. Van juntos.

Quieres placer pero no quieres dolor. Por ejemplo, si amas a una mujer, cuando está contigo, estás feliz. Quieres la felicidad que sientes cuando estás con ella, pero no quieres el dolor que sientes cuando se va. Si realmente sientes felicidad cuando estás con la mujer, ¿cómo vas a evitar el dolor de la separación cuando se vaya? La echarás de menos, sentirás su ausencia. La ausencia se convertirá en dolor. Si realmente no quieres sentir ningún dolor, tendrás que evitar todos los placeres. Entonces, cuando estés con la mujer no te sientas feliz; sigue triste, sigue infeliz; así, no habrá problema cuando ella se vaya. Si te sientes feliz cuando alguien te saluda, cuando alguien te insulta te sentirás infeliz. Es un truco que ya se ha intentado.

Ha sido una de las artimañas más utilizadas por todas las llamadas personas religiosas: si quieres evitar el dolor, evita el placer. Pero entonces, ¿qué sentido tiene? Si quieres evitar la muerte, evita la vida; pero entonces, ¿qué sentido tiene todo esto? Estarás muerto. Antes de morir, estarás muerto. Si quieres estar totalmente seguro, vete a una cueva y túmbate, ¡allí estarás completamente seguro! No respires, porque respirar puede ser peligroso, estás rodeado de toda clase de infecciones, de un millón de enfermedades; ¿cómo vas a respirar? El aire está muy contaminado, es peligroso, así que, no respires, no te muevas... no vivas. Suicídate; entonces no habrá dolor... Pero, si es así, ¿por qué quieres que no haya dolor, que todo sea placer? Estás pidiendo algo imposible; quieres que dos más dos no sean cuatro; que sean cinco, o tres, cualquier cosa menos cuatro. Pero *son* cuatro. Y hagas lo que hagas, por mucho que intentes engañarte a ti o a los demás, seguirán siendo cuatro.

El dolor y el placer como la noche y el día, como el nacimiento y la muerte, como el amor y el odio, van juntos. En un mundo mejor, con un lenguaje más desarrollado, no utilizaríamos palabras como odio y amor, ira y compasión, día y noche. Inventaríamos palabras que englobasen ambas cosas: «amorodio», «díanoche», «nacimientomuerte», «dolorplacer» —una palabra en vez de dos.

El lenguaje produce una ilusión. En el lenguaje el dolor está separado del placer. Si quieres buscar el término «dolor» en el diccionario, tendrás que buscar por «dolor»; «placer» estará separado. Pero, en la realidad, el dolor y el placer están tan juntos como tu mano izquierda y tu mano derecha, como las dos alas de un pájaro. El diccionario produce una ilusión; el lenguaje es una gran fuente de ilusiones. Dice «amor» y cuando dice «amor» nunca piensas en el odio. Te olvidas del odio por completo; sin embargo, el amor no puede existir sin el odio. Por eso cuando amas a una persona también la odias.

Nunca te sientas incómodo por eso. Si amas, también odiarás. Habrá algunos momentos en los que la parte del odio estará arriba y otros momentos en los que la parte del amor estará arriba. No te sientas incómodo por ello; es natural y humano. A ti te gustaría que en el mundo existiese la frescura sin nada parecido al calor, o que existiese el calor sin nada parecido al frío. Piénsalo; eso sería absurdo porque el calor y el frío van juntos. Solo depende de cómo los llames.

Llena dos cubos con agua: uno, con agua caliente, hirviendo, y el otro con agua muy fría, helada. Mete una mano en cada cubo, y siente. ¿Son dos sensaciones, o un solo espectro? A un extremo está el frío, y al otro, el calor. Luego espera un rato. Verás que, poco a poco, se van aproximando más y más; la caliente va estando un poco menos caliente, y la fría va estando menos fría. Al cabo de unas horas, dirás: «Ahora ambas están a la misma temperatura». Hay otro experimento que puedes intentar con un cubo de agua: pon una mano cerca de una fuente de calor y la otra en agua helada. Enfría una mano y calienta la otra, luego mete ambas manos en el cubo de agua y observa lo que ocurre. Una mano te dirá que el agua está fría y la otra te dirá que está caliente, pero es la misma agua. Todo es relativo. Hay cosas que a ti pueden parecerte agradables y sin embargo a otra persona pueden parecerle dolorosas.

Por ejemplo, para ti, hacer el amor con una mujer es algo muy agradable. Pregúntale a un monje, se horrorizará, te dirá: «¿Qué estás haciendo? ¿Te has vuelto loco?». A lo mejor, por eso se hace el amor en privado; porque la gente se reiría, ridiculizaría a los que lo están haciendo; todos los movimientos del acto sexual parecen absurdos, ridículos. Cuando estás en un estado mental apasionado, parece como si estuvieras borracho.

Cuando haces algo enfadado, ese momento te proporciona placer; de otra forma, no lo harías. La ira te proporciona un tremendo placer, poder, la sensación de poder. Pero en cuanto desaparece la ira, empiezas a sentir arrepentimiento, remordimiento, empiezas a sentir que no ha estado bien, y entonces sientes dolor. Mientras la ira estaba presente, te sentías poderoso y eso te proporcionaba placer. Ahora, en un estado menos enfebrecido, lo vuelves a contemplar. Ahora que estás tranquilo y sereno, parece doloroso. Una cosa puede ser placentera y también dolorosa; depende. Y la misma cosa puede ser placentera para ti y dolorosa para otro; eso, también, depende. El placer y el dolor van juntos.

Mi consejo es que cuando haya un dolor, entres profundamente en él, no lo evites. Deja que así sea, estate abierto a él; sé lo más sensible que puedas. Deja que el dolor y su flecha penetren en ti hasta la médula. Súfrelo. Y cuando venga el placer, también, deja que te remueva hasta la médula. Dánzalo.

Cuando haya dolor, estate con el dolor, y cuando haya placer estate con el placer. Vuélvete tan sensible que cada momento de dolor y de placer sea una gran aventura. Si puedes hacerlo, entenderás que también el dolor es hermoso, que es tan hermoso como el placer. Además, le da cierta agudeza a tu ser; además, le da conciencia a tu ser; algunas veces, incluso más que el placer. El placer embota; por eso la gente que vive en la complacencia resulta superficial. No encontrarás nada profundo en ellos. No han conocido el dolor, solo han vivido superficialmente, de un placer a otro. Los *playboys*... no saben lo que es el dolor.

El dolor te vuelve muy consciente y, además, compasivo y sensible al dolor de los demás. El dolor te hace grande, enorme, inmenso. Con el dolor, el corazón crece, es hermoso, tiene su belleza propia. No estoy diciendo que haya de buscarse; solo estoy diciendo que cuando se presente, también lo disfrutes. Es un regalo de la existencia y tiene que llevar en él un tesoro oculto. Disfrútalo también; no lo rechaces. Acéptalo, dale la bienvenida, estate con él. Al principio será difícil, duro, pero, poco a poco, te irás acostumbrando a su sabor.

Cuando empiezas algo nuevo, tienes que acostumbrarte a su sabor. Y, claro, el sabor del dolor es amargo, pero una vez que te acostumbras, te proporciona una gran agudeza y brillantez. Te quita todo el polvo, todo el estupor y la somnolencia. Amplía tu atención más que ninguna otra cosa. En el dolor puedes ser más meditativo que en el placer. En el placer hay más distracción. El placer se apodera de ti; en él, abandonas la conciencia. El placer es una especie de olvido, de pérdida de memoria. El dolor es recuerdo; no se puede olvidar.

El dolor puede transformarse en una energía muy creativa; puede convertirse en meditación, en conciencia.

Cuando haya dolor, utilízalo como conciencia, como meditación, como aguzamiento del alma. Y cuando haya placer, utilízalo como una inmersión, como un olvido.

Ambos caminos te llevarán a casa. Uno recordándote a ti mismo totalmente, y el otro olvidándote de ti mismo por completo. Ambos, dolor y placer, pueden ser utilizados pero, para utilizarlos, tienes que ser muy, muy inteligente. El camino que yo enseño no es para personas estúpidas; es el camino de los inteligentes, de los sabios. Lo que quiera que te dé la existencia, intenta encontrar una forma de utilizarlo que lo convierta en una situación de crecimiento creativo para ti.

Algunas veces tengo la sensación de que mi temor a la muerte, en realidad, es consecuencia del miedo a lo desconocido, dado que no sé lo que me va a ocurrir cuando muera. ¿Podrías comentar algo al respecto?

Cuando sepas qué es la vida, sabrás qué es la muerte. La muerte es parte del mismo proceso. Normalmente, pensamos que la muerte llega al final, que es contraria a la vida y que es el enemigo; pero no es así, la muerte no es el enemigo. Si piensas que la muerte es el enemigo, es que todavía no has logrado saber qué es la vida.

La muerte y la vida son dos polaridades de la misma energía, del mismo fenómeno; la marea y el reflujo, el día y la noche, el verano y el invierno. No están separadas, ni son opuestas ni contrarias; son complementarias. La muerte no es el fin de la vida; de hecho, es la terminación de la vida, punto álgido de la vida, el clímax, el final. Y, una vez que conoces la vida y su proceso, entiendes qué es la muerte.

La muerte es una parte orgánica, integral de la vida, y es una gran aliada de la vida. Sin ella, la vida no puede existir. La vida existe gracias a la muerte; la muerte proporciona el fondo. La muerte es, de hecho, un proceso de renovación. La muerte ocurre a cada momento, cada vez que inspiras y expiras, están ocurriendo la vida y la muerte. Al inspirar, ocurre la vida; al expirar, ocurre la muerte. Por eso, lo primero que hace un niño al nacer es inspirar, ese es el comienzo de la vida. Y cuando un viejo se está muriendo, lo último que hace es expirar, ese es el final de la vida. Expirar es muerte, inspirar es vida; son como las dos ruedas de un carro. Para vivir, necesitas tanto inspirar como expirar. La expiración es parte de la inspiración. Si dejas de expirar, no puedes inspirar. Si dejas de morir, no puedes vivir. El hombre que ha entendido qué es su vida acepta la muerte, le da la bienvenida; muere a cada momento y resucita a cada momento; su cruz y su resurrección están ocurriendo continuamente en un proceso. Cada momento, muere al pasado y nace, una y otra vez, al futuro.

Si exploras la vida llegarás a saber qué es la muerte. Solo si comprendes qué es la muerte, podrás comprender qué es la vida. Son orgánicas. Normalmente, por miedo, creamos una división. Pensamos que la vida es buena y la muerte mala. Pensamos que hay que desear la vida y evitar la muerte. Pensamos que, de algún modo, tenemos que protegernos de la muerte. Esta absurda idea provoca un sinfín de desdichas en nuestras vidas, porque una persona que se protege a sí misma de la muerte se vuelve incapaz de vivir. Es esa persona a la que le da miedo exhalar, así que luego no puede inhalar y se queda bloqueada. Entonces simplemente se arrastra; su vida ya no es un fluir, su vida ya no es un río.

Si realmente quieres vivir, tienes que estar dispuesto a morir. ¿Quién, en ti, le tiene miedo a la muerte? ¿La vida tiene miedo a la muerte? No es posible. ¿Cómo va la vida a tener miedo a su propio proceso integral? Lo que tiene miedo en ti es otra cosa. Lo que tiene miedo en ti es el ego. La vida y la muerte no son opuestas; el ego y la muerte sí son opuestos. La vida y la muerte no son opuestas, el ego y la vida sí son opuestos. El ego está en contra de ambas, vida y muerte. Al ego le da miedo vivir y también le da miedo morir. Le da miedo vivir porque cada esfuerzo, cada paso hacia la vida, acerca la muerte.

Si vives estás acercándote a morir. Al ego le da miedo morir, por eso también le da miedo vivir. El ego simplemente se arrastra.

Hay muchas personas que no están ni vivas ni muertas. Eso es lo peor. El hombre que está plenamente vivo también está pleno de muerte. Ese es el significado de Jesús en la cruz. El significado de Jesús llevando su propia cruz a cuestas no ha sido interpretado correctamente. Él le dijo a sus discípulos: «Tendréis que llevar vuestra propia cruz a cuestas». El significado de Jesús llevando su propia cruz a cuestas es muy simple, significa que todo el mundo tiene que llevar su propia muerte a cuestas continuamente, que todo el mundo tiene que morir cada momento, que todo el mundo tiene que estar en la cruz porque esa es la única forma de vivir plenamente, totalmente.

Siempre que llegas a un momento total de vida, de repente, también ves la muerte. Ocurre en el amor. En el amor, la vida llega a un clímax; por eso, la gente le tiene miedo al amor.

Siempre me sorprende la gente que viene y me dice que le tiene miedo al amor. ¿Por qué ese miedo al amor? Porque cuando realmente amas a alguien, tu ego empieza a tambalearse y derretirse. Con ego, no se pueda amar; el ego hace de barrera, y cuando quieres quitar la barrera, el ego te dice: «¡Cuidado! Eso significará la muerte».

La muerte del ego no es tu muerte; la muerte del ego, en realidad, es tu posibilidad de vida. El ego solo es una costra muerta que te rodea, tienes que romperla y quitártela. Llega a la existencia de una forma natural; de la misma forma que el polvo se va adhiriendo a la ropa, al cuerpo del caminante y, para quitárselo, tiene que bañarse.

Según vamos pasando a través del tiempo, el polvo de las experiencias, del conocimiento, de la vida vivida, del pasado, se va acumulando. Ese polvo se convierte en nuestro ego. Una vez acumulado, se convierte en una costra a tu alrededor que hay que romper y quitarse. Uno tiene que bañarse continuamente; todos los días, de hecho, cada momento, para que su costra nunca llegue a convertirse en una prisión. Al ego le da miedo amar porque en el amor, la vida llega a una cima. Pero siempre que hay una cima de vida también hay una cima de muerte; van juntas.

En el amor, mueres y renaces.

Hay que recordar que la muerte y la vida se encienden juntas, nunca están separadas. Si vives muy, muy someramente, al mínimo, puede que veas la muerte y la vida como cosas separadas. Cuanto más te acercas a la cima, más se van acercando; y en la cúspide, se encuentran y se convierten en una. En el amor, en la meditación, en la confianza, en la oración, siempre que la vida se vuelve total, la muerte está presente. Sin muerte, la vida no puede ser total.

Pero el ego siempre piensa en divisiones, en dualidades, lo divide todo. La existencia es indivisible; no se puede dividir. Antes eras un niño, luego te convertiste en un adolescente. ¿Puedes trazar una línea que demarque a partir de dónde te convertiste en adolescente? ¿Puedes marcar el punto en el tiempo en el que, de repente, dejaste de ser un niño y te convertiste en un adolescente? Luego te haces viejo. ¿Puedes trazar una línea que marque el momento en que te vuelves viejo?

Los procesos no pueden ser demarcados. Cuando naces ocurre exactamente lo mismo. ¿Puedes demarcar el momento en el que naces? ¿En el que comienza realmente la vida? ¿Comienza cuando el niño empieza a respirar; cuando el doctor le da unos azotes al niño y este empieza a respirar? ¿Es entonces cuando comienza la vida? ¿O cuando el niño entra en el vientre, cuando la madre se queda encinta, cuando el niño es concebido? ¿Es entonces cuando comienza la vida? ¿O, incluso antes de eso? ¿Cuándo comienza la vida exactamente?

Es un proceso sin final y sin comienzo. No comienza nunca. ¿Cuándo está muerta una persona? ¿Cuando su respiración cesa?

Muchos yoguis han demostrado científicamente que pueden dejar de respirar y, no obstante, seguir vivos, porque luego regresan. Así que el cese de la respiración no puede ser el final. ¿Dónde acaba la vida?

No acaba nunca, no comienza nunca. Estamos implicados en la eternidad. Hemos estado aquí desde el principio —si es que hubo algún principio— y vamos a estar aquí hasta el final, si es que habrá algún final. De hecho, no puede haber ningún principio ni ningún final. Somos vida; aunque cambie la forma, los cuerpos, las mentes. Lo que llamamos vida no es más que una identificación con un determinado cuerpo, con una determinada mente, con una determinada actitud, y lo que llamamos muerte no es más que la salida de esa forma, de ese cuerpo, de ese concepto.

Puedes mudarte de casa. Si te identificaras demasiado con una casa, te resultaría muy doloroso mudarte, sentirías que te estás muriendo porque esa vieja casa era tú; era tu identidad. Pero eso no ocurre, porque sabes que solo te estás mudando de casa, nada cambia en ti. Los que han buscado en sí mismos, los que han descubierto quiénes son, descubren un proceso eterno, interminable. La vida es un proceso atemporal, más allá del tiempo, y la muerte forma parte de él.

La muerte es un continuo renacimiento: una ayuda a la vida para resucitar una y otra vez, una ayuda a la vida para deshacerse de las viejas formas, de los edificios en ruinas, de las estructuras restrictivas, para que puedas volver a fluir, para que puedas volver renovado y joven, para que puedas volver a ser virgen.

Se cuenta que:

> Un hombre, que andaba curioseando en una tienda de antigüedades cerca de Mount Vernon, vio un hacha que le pareció antigua.
>
> —Esta hacha es una maravilla —le dijo al dueño de la tienda.
>
> —Sí —contestó este—, perteneció a George Washington.
>
> —¿De veras? —preguntó el cliente—. Se ha conservado estupendamente.
>
> —Por supuesto —replicó el anticuario—, se le han cambiado tres veces el astil y dos veces la hoja.

Y la vida es igual; va cambiando astiles y hojas; de hecho, parece que todo va cambiando y, a la vez, hay algo que permanece eternamente igual. Simplemente observa. Antes eras un niño; ¿qué ha quedado de eso ahora? Solo una memoria. Tu cuerpo ha cambiado, tu mente ha cambiado, tu identidad ha cambiado. ¿Qué ha quedado de tu niñez? No ha quedado nada, solo una memoria. Ni siquiera puedes estar seguro de si realmente ha ocurrido o lo has soñado o lo has leído en un libro o te lo ha contado alguien. ¿Fue tu infancia o la de otro? Échale un vistazo a tu álbum de fotos antiguas. Mira, ese eras tú. No te lo puedes creer, has cambiado muchísimo. De hecho, todo ha cambiado; ¡astiles, hojas y todo! Pero, aún así, en el fondo, hay una continuidad que se mantiene; un continuo atestiguar que se mantiene. Hay una especie de hilo invisible, todo lo demás va cambiando pero ese hilo invisible permanece igual.

Ese hilo está más allá de la vida y la muerte. La vida y la muerte son las dos alas de eso que está más allá de la vida y la muerte. Eso que está más allá utiliza la vida y la muerte como las dos ruedas de un carro, complementarias; vive a través de la vida y vive a través de la muerte. La muerte y la vida son sus procesos, como la inhalación y la exhalación. Pero hay algo en ti que es trascendental.

Lo que pasa es que estamos demasiado identificados con la forma; y eso crea el ego. Por eso lo llamamos «yo». Por supuesto el «yo» tiene que morir muchas veces. Por eso vive en un miedo constante, temblando, constantemente asustado, protegiéndose, asegurándose.

> Un místico sufí llamó a la puerta de un hombre muy rico. Estaba mendigando y no pedía más que lo suficiente para una comida.
>
> El hombre rico le dijo a gritos:
>
> —¡Aquí nadie te conoce!
>
> —Pero yo me conozco a mí mismo —le contestó el derviche—. Qué triste sería que fuera a la inversa: que todo el mundo me conociera y yo no fuera consciente de quién soy, qué triste sería. Dices bien, aquí nadie me conoce, pero yo me conozco a mí mismo.

Esas son las dos únicas situaciones posibles, y tú estás en la situación triste. Puede que todo el mundo te conozca, sepa quién eres, pero tú mismo te has olvidado por completo de tu trascendencia, de tu verdadera naturaleza, de tu ser auténtico. Esa es la única tristeza en la vida. Puedes encontrar muchas excusas, pero la verdadera tristeza es que tú no sabes quién eres.

¿Cómo puede ser feliz una persona si no sabe quién es, si no sabe de dónde viene, si no sabe adónde va? De esta auto-ignorancia básica surgen mil y un problemas.

Un grupo de hormigas salieron de la oscuridad de su nido subterráneo en busca de comida. Era por la mañana temprano. Las hormigas pasaron al lado de una planta cuyas hojas estaban cubiertas de rocío.

—¿Qué son esas cosas? —preguntó una de las hormigas señalando las gotas de rocío—. ¿De dónde proceden?

—Proceden de la tierra —dijeron algunas.

—Proceden del mar —dijeron otras.

Pronto surgió la contienda; la mitad del grupo se adhirió a la teoría del mar, y otra mitad a la teoría de la tierra.

Pero había una hormiga sabia e inteligente; se mantuvo al margen. Les dijo a las demás:

—Detengámonos por un momento y busquemos pistas, porque todas las cosas se sienten atraídas hacia su fuente, como se suele decir, todo retorna a su origen. Por muy alto que arrojes un ladrillo, volverá a caer al suelo. Lo que tenga inclinación hacia la luz, tiene que proceder de la luz.

Las hormigas, que aún no estaban convencidas del todo, estaban a punto de reanudar su disputa pero, mientras tanto, el sol se iba elevando y las gotas de rocío iban desapareciendo de las hojas, elevándose hacia el cielo y desapareciendo en él.

Todas las cosas retornan a su fuente original, han de retornar a su fuente original. Si entiendes la vida, también entiendes la muerte. La vida es un olvido de la fuente original, y la muerte es volver al recuerdo. La vida es un alejamiento de la fuente original, la muerte es el regreso a casa. La muerte no es horrible; la muerte es hermosa, pero solo para aquellos que han vivido una vida libre de estorbos, de inhibiciones, de represiones. La muerte solo es hermosa para aquellos que han vivido sus vidas hermosamente, que no han tenido miedo a vivir, que han tenido el coraje suficiente para vivir, aquellos que han amado, que han danzado, que han celebrado.

Si tu vida es una celebración, la muerte se convierte en la celebración suprema.

Deja que te lo diga de esta forma: la muerte revelará lo que quiera que haya sido tu vida. Si has sido desdichado en la vida, la muerte revelará desdicha. La muerte es un gran revelador. Si has tenido una vida feliz, la muerte revelará felicidad. Si solo has vivido una vida de confort físico y placer psíquico, entonces, por supuesto, la muerte será muy incómoda y desagradable, porque tienes que abandonar el cuerpo.

El cuerpo es una morada temporal, una capilla en la que pasamos la noche para partir a la mañana siguiente. No es tu morada permanente, no es tu hogar. Por lo tanto, si has vivido una vida corporal y nunca has conocido nada más allá del cuerpo, la muerte será muy, muy fea, desagradable, dolorosa; la muerte será una angustia. Pero si has vivido a un nivel un poco más elevado que el corporal, si has apreciado la música y la poesía, si has amado, si has mirado a las flores y las estrellas, y algo de lo no físico ha entrado en tu conciencia, la muerte no será tan triste, no será tan dolorosa. La puedes recibir con ecuanimidad, pero todavía no puede ser una celebración.

Si has rozado ligeramente lo trascendental en ti mismo, si has entrado en la nada de tu propio centro —el centro de tu ser, donde ya no eres cuerpo, donde ya no eres mente, donde los placeres físicos se apartan por completo y los placeres mentales tales como la música, la poesía, la literatura, la pintura, se dejan aparte, y eres simple y llanamente pura conciencia, gnosis—, la muerte será una gran celebración, una gran comprensión, una gran revelación.

Si has llegado a conocer algo de lo trascendental en ti, la muerte te revelará lo trascendental en el universo; entonces la muerte no será una muerte sino un encuentro con la fuente, una cita con lo divino.

Has tocado un punto que encaja perfectamente conmigo; en el fondo, sé que, en realidad, me da más miedo la vida que la muerte. ¿Podrías comentar algo más acerca de la relación entre estos dos miedos?

El que le tenga miedo a la muerte, también le tendrá miedo a la vida, porque la vida trae consigo la muerte. Si bloqueas tu puerta por miedo al enemigo, también le estarás impidiendo la entrada al amigo. Sientes un temor tan grande a que entre el enemigo que también has bloqueado la puerta para el amigo. Tienes tanto miedo que ni siquiera puedes abrirle la puerta a un amigo, porque ¿quién sabe? El amigo puede resultar ser un enemigo o puede que, al abrir la puerta para que entre el amigo, también entre el enemigo.

A la gente le da miedo la vida por su temor a la muerte. No viven, porque en los puntos álgidos, en las cimas, la muerte siempre penetra en la vida. ¿Te has fijado? Demasiadas mujeres han llevado una vida de frigidez, por miedo al orgasmo, por miedo a esa explosión salvaje de energía. Durante siglos, las mujeres han sido frígidas; no han conocido el orgasmo. Y la mayoría de los hombres también padece ese miedo; el noventa y cinco por ciento de los hombres sufre de eyaculación precoz. Le tienen tanto miedo al orgasmo, hay tanto miedo que, de algún modo, quieren acabar cuanto antes, quieren salir cuanto antes. Una y otra vez se ponen a hacer el amor con miedo. La mujer se mantiene frígida y el hombre tiene tanto miedo que no puede estar en ese estado mucho tiempo. El propio miedo le hace eyacular antes de lo natural, y la mujer permanece cerrada, reteniéndose.

Con tanto miedo, desaparece cualquier posibilidad de orgasmo. En el orgasmo más profundo, penetra la muerte; sientes como si estuvieras muriendo. Si una mujer entra en orgasmo empieza a gemir, a gritar, puede que incluso empiece a decir: «¡Me estoy muriendo! ¡No me mates!». Eso realmente ocurre: «¡Me estoy muriendo! ¡No me mates, para!». En el orgasmo profundo, llega un momento en el que el ego no puede existir y penetra la muerte. Pero eso es lo bonito del orgasmo.

La gente le ha cogido miedo al amor porque en el amor también penetra la muerte. Si dos amantes están sentados juntos en profundo amor e intimidad, sin ni siquiera hablar... Hablar es una huida, una huida del amor. Cuando dos amantes están hablando es señal de que están evitando la intimidad. Las palabras crean distancia entre ellos; sin palabras, desaparece la distancia y aparece la muerte. En el silencio, está la muerte, acechando por ahí; ¡es un fenómeno hermoso! Pero la gente tiene tanto miedo que sigue hablando sea necesario o no. Sigue hablando de cualquier cosa, de todas las cosas, no pueden quedarse en silencio.

Cuando dos amantes se sientan en silencio, de repente, la muerte los rodea. Cuando dos amantes están en silencio, verás cierta felicidad y, a la vez, cierta tristeza; felicidad porque la vida está en su cumbre, tristeza porque en la cumbre de la vida también entra la muerte. Siempre que estés en silencio sentirás una especie de tristeza. Incluso mirando a una rosa, si estás sentado en silencio sin decir nada sobre la rosa, simplemente mirándola, en ese silencio, de repente, sentirás que la muerte está ahí. Verás cómo la flor se va marchitando, al cabo de un tiempo se habrá ido, perdido para siempre. ¡Tan bella y tan frágil! ¡Tan bella y tan vulnerable! Tal belleza, tal milagro, y, en poco tiempo, se habrá perdido para siempre y no regresará jamás. De repente, sentirás tristeza.

Siempre que medites, encontrarás a la muerte acechando a tu alrededor. En el amor, en el orgasmo, en cualquier experiencia estética —en la música, en el canto, en la poesía, en la danza— siempre que pierdes tu ego, aparece la muerte de repente.

Así que, déjame decirte una cosa: te da miedo la vida por tu temor a la muerte. Y quisiera enseñarte a morir para que perdieras el miedo a la muerte por completo. En cuanto pierdes el miedo a la muerte, adquieres la capacidad de vivir.

No me malinterpretes. Lo que estoy diciendo no va en contra de la vida. ¿Cómo voy a hablar en contra de la vida? Estoy locamente enamorado de la vida, estoy tan enamorado de ella que me he enamorado de la muerte. Es parte de la vida; si amas la vida totalmente, ¿cómo vas a rehusar la muerte? Tienes que amarla también. Cuando amas profundamente a una flor, tu amor también se está marchitando. Cuando amas profundamente a una mujer, también la amas envejeciendo, un día también amarás su muerte. Es parte de su vida, parte de la mujer. La vejez no ha ocurrido desde fuera, ha venido desde dentro. Su hermosa cara se ha llenado de arrugas ahora; también amas esas arrugas, son parte de tu mujer. Si amas a un hombre y su cabello se ha vuelto canoso, también amas esas canas. No han ocurrido desde fuera, no son casuales. La vida se va desplegando y, ahora, el cabello negro ha desaparecido y las canas han ocupado su lugar. No rechazas las canas, las amas, son parte del hombre. Luego, tu hombre se va haciendo viejo, débil; también amas eso.

El amor ama todo. El amor no conoce otra cosa que el amor. Por eso digo que ames a la muerte. Si puedes amar a la muerte, te será muy fácil amar a la vida. Si puedes amar incluso a la muerte, no hay problema. El problema surge porque has estado reprimiendo algo, porque le tienes miedo a la vida. La represión tiene consecuencias peligrosas. Si reprimes y reprimes, un día, acabarás perdiendo por completo el sentido estético. Perderás por completo el sentido de la belleza, el sentido de la gracia, el sentido de la divinidad. Entonces la propia represión adquirirá un estado tan febril que puedes hacer cualquier cosa horrible.

Deja que te cuente una hermosa anécdota. ¡Me la ha enviado un amigo que siempre me manda chistes muy buenos!

> Un soldado es destinado a un puesto en una remota isla en la que no hay mujeres, pero hay una gran población de monos. Al ver que todos sus compañeros soldados, sin excepción, hacían el amor con sus monas, se quedó estupefacto. Les juró que él nunca llegaría a ese extremo. Ellos le aconsejaron que no fuera tan cerrado de mente. Al cabo de varios meses, el soldado ya no se pudo aguantar más y agarró la primera mona que encontró. Sus compañeros le pillaron en plena acción y empezaron a reírse a carcajadas.
>
> —¿De qué os reís? ¡Siempre me estáis diciendo que lo haga! —les preguntó sorprendido.
>
> Y ellos contestaron:
>
> —Sí, pero ¿por qué tenías que elegir a la más fea?

Si reprimes, lo más probable es que elijas la vida más fea. Entonces la fiebre es tan alta que no estás en tus cabales. Te vuelves casi neurótico. Antes de que la represión sea demasiada, relájate, entra en la vida. ¡Es tu vida! No te sientas culpable. Es tu vida para vivir, amar, saber y ser. Y cualesquiera que sean los instintos que la naturaleza te haya dado, solo son indicaciones de hacia dónde tienes que ir, de dónde tienes que buscar, de dónde tienes que encontrar tu plenitud.

Yo sé que esta vida material del cuerpo no lo es todo; hay una vida más grande oculta tras ella. Pero está oculta *tras* ella. Esa vida más grande no se puede encontrar yendo en contra de esta vida; solo se puede encontrar siendo enormemente indulgente con esta vida. En el océano hay olas; el océano está oculto justo detrás de las olas. Si, al ver la tormenta y el caos, huyes de las olas, también estarás huyendo del océano y su profundidad. Zambúllete, esas olas forman parte de él. Sumérgete profundamente y las olas desaparecerán, solo quedará la profundidad y el absoluto silencio del océano.

Incierto y desconocido
El misterio de la confianza

LA VIDA PUEDE SER CONOCIDA, también la muerte; pero no se puede decir nada acerca de ellas. Ninguna respuesta será acertada; no puede serlo por la propia naturaleza de las cosas. La vida y la muerte son los misterios más profundos. En realidad, no son dos misterios, sería más correcto decir que son dos caras del mismo misterio, dos puertas al mismo secreto. Pero no se puede decir nada acerca de ellas. Digas lo que digas, te estarás equivocando.

La vida puede ser vivida, la muerte también puede ser vivida. Son experiencias; uno tiene que pasar por ellas y conocerlas. Nadie puede responder a tus preguntas. ¿Cómo va a ser respondida la vida o la muerte? A no ser que *tú* vivas, a no ser que *tú* mueras, ¿quién te va a responder?

Pero se han dado muchas respuestas; y, recuerda, todas las respuestas son falsas. No hay nada que elegir. No es que haya una respuesta correcta y otras incorrectas; todas las respuestas son incorrectas. No hay nada que elegir. Solo la experiencia, no las respuestas, puede responder.

Eso es lo primero que hay que recordar cuando estás cerca de un verdadero misterio, no un enigma creado por el hombre. Si se trata de un enigma creado por el hombre se puede responder, porque, entonces, se trata de un juego, un juego mental; tú creas la pregunta y la respuesta. Pero si estás ante algo que no has creado tú, ¿cómo vas a responder, cómo va a responder la mente humana? Es incomprensible para la mente humana. La parte no puede comprender el todo. El todo solo puede ser comprendido *convirtiéndose* en todo. Puedes zambullirte en él y perderte; y allí estará la respuesta.

Voy a contar una de las anécdotas favoritas de Ramakrishna.

En cierta ocasión se estaba celebrando un gran festival cerca del mar, en la playa. Se habían congregado miles de personas y, de repente, todas ellas se sintieron intrigadas por una cuestión: si el mar es inconmensurable o mensurable, si tiene fondo o no; ¿sondable o insondable? Por casualidad, también había allí un hombre hecho totalmente de sal. Este dijo: «Vosotros esperad y discutid, yo me sumergiré en el océano y lo descubriré, porque ¿cómo puede uno saber a no ser que se sumerja en él?».

Así que el hombre de sal se sumergió en el océano. Pasaron horas, días, luego meses; la gente se iba marchando a su casa. Ya habían esperado suficiente, y el hombre de sal no había regresado.

El hombre de sal empezó a disolverse en cuanto se sumergió en el océano, y cuando llegó al fondo ya se había disuelto. Llegó a saber; pero no pudo regresar. Los que no sabían siguieron discutiéndolo durante mucho tiempo. Puede que llegaran a alguna conclusión, porque a la mente le encanta llegar a conclusiones.

Cuando se llega a una conclusión, la mente se siente cómoda; por eso existen tantas filosofías. Todas las filosofías existen para satisfacer una necesidad. La mente pregunta pero no puede quedarse en la pregunta, le resulta incómodo; si se queda en la pregunta, siente desasosiego. Necesita una respuesta, aunque sea falsa; entonces descansa.

Saltar al mar es peligroso. Recuerda, todos somos hombres de sal en lo que respecta al océano, al océano de la vida y la muerte. Todos somos hombres de sal, y nos disolveremos en él porque procedemos de él. Estamos hechos de él, somos de él. ¡Nos disolveremos!

A la mente siempre le da miedo meterse en el océano; está hecha de sal, se disolverá. Tiene miedo, así que se queda en la orilla discutiendo cosas, debatiendo, argumentando, formulando teorías; todas falsas, porque están basadas en el miedo. Una persona valiente saltará, se resistirá a aceptar cualquier respuesta que no sea descubierta y experimentada por ella misma.

Somos unos cobardes, por eso aceptamos la respuesta de cualquiera. Mahavira, Buda, Cristo; aceptamos sus respuestas. Pero sus respuestas no pueden ser las nuestras. El conocimiento de otro no puede ser tuyo; puede que ellos hayan llegado a saber pero, para ti, su conocimiento solo es información. Tendrás que llegar a saber *tú*. Solo es conocimiento cuando es tuyo propio. De no ser así, no te dará alas; al contrario, será como una piedra colgada a tu cuello, te convertirás en su esclavo. No alcanzarás la liberación, no te liberará.

Dice Jesús: «La verdad libera». ¿Has conocido a alguien que haya sido liberado por las teorías? La experiencia libera, sí... pero no las teorías acerca de la experiencia, ¡nunca!

A la mente le da miedo dar el salto, porque está hecha de la misma materia que el universo; si das el salto, estarás perdido. Llegarás a saber, pero solo cuando no seas. El hombre de sal llegó a saber, tocó el fondo, llegó hasta el mismo centro, pero no pudo regresar.

Pero, aunque hubiera podido, ¿cómo iba a relatar...? Aunque hubiera regresado, su lenguaje sería el del centro, el de las profundidades, y tu lenguaje es el de la orilla, el de la periferia. No habría ninguna posibilidad de comunicación. No podría decir nada significativo, solo podría permanecer en silencio; significativamente, demostrativamente. Si dijera algo, se sentiría culpable, porque, inmediatamente, se daría cuenta de que nada de lo que sabe se transferiría por medio de las palabras; su experiencia quedaría atrás. Solo te llegarían palabras, muertas, huecas, vacías.

Se pueden comunicar palabras pero la verdad, no. La verdad solo puede ser indicada. El hombre de sal te puede decir: «Ven tú también y salta conmigo al océano». Solo puede invitarte.

Pero, como eres muy listo, tú le dirás: «Antes, responde la pregunta; si no, ¿cómo sabré que estás en lo cierto? Deja que lo considere, que lo piense, que lo sopese y lo reflexione antes, luego te seguiré. Cuando mi mente esté convencida, daré el salto».

Pero a la mente nunca se la convence, no se la puede convencer. La mente no es otra cosa que un proceso de duda; no se la puede convencer nunca, puede seguir argumentando infinitamente porque puede crear un argumento en torno a cualquier cosa que digas.

No te hagas más culto, hazte más inocente. Deshazte de todo lo que sabes, olvida todo lo que sabes. Mantente en el asombro, y no transformes el asombro en preguntas porque, cuando se cambia el asombro por una pregunta, tarde o temprano, la pregunta traerá conocimiento; y el conocimiento es una moneda falsa.

Desde el estado de asombro, hay dos caminos: uno es preguntar —el equivocado— que te conduce hacia más y más conocimiento. Y el otro es disfrutar. Disfrutar del asombro, de lo asombrosa que es la vida, de lo asombrosa que es la existencia, de lo asombroso que es el sol y su luz y los árboles bañados por sus rayos dorados. Experiméntalo. No lo pongas entre interrogantes, deja que sea tal como es.

Si quieres llegar a una comunicación con la existencia y la realidad, mantente inocente, como un niño. Si quieres que los misterios se abran a ti, mantente en el asombro. El misterio nunca se abre a los que preguntan. Los que preguntan, tarde o temprano, acaban en una biblioteca, los que preguntan, tarde o temprano, acaban en las escrituras, porque las escrituras están repletas de respuestas.

Las respuestas son peligrosas, matan tu asombro. Son peligrosas porque, aunque no sepas, te dan la sensación de saber, te dan la idea errónea de que las preguntas acerca de ti mismo ya han sido resueltas. «Sé lo que dice la Biblia, sé lo que dice el Corán, sé lo que dice el Gita. He llegado.» Te convertirás en un loro; repetirás las cosas pero no sabrás nada. Esa no es la forma de saber; el conocimiento no es la forma de saber.

Entonces ¿cuál es la forma de saber? El asombro. Deja que tu corazón dance asombrado. Mantente lleno de asombro: vibra en él, inspíralo, expíralo.

¿Por qué tanta prisa por la respuesta? ¿Acaso no puedes dejar que un misterio siga siendo un misterio? Sé que hay una gran tentación de no dejar que siga siendo un misterio, de reducirlo a conocimiento. ¿Por qué esa tentación? Porque solo puedes tener el control si estás lleno de conocimientos.

El misterio te controlará, el conocimiento hará que el controlador seas tú. El misterio te poseerá. El misterio no puede ser poseído por ti; es muy grande, y tus manos son muy pequeñas. No puedes poseerlo, es infinito, tendrás que ser poseído por él; y ahí está el miedo. El conocimiento sí lo puedes poseer, es algo muy trivial, el conocimiento sí lo puedes controlar.

Esta tentación de la mente de reducir todo asombro, todo misterio, a una pregunta es originada, básicamente, por el miedo. Tenemos miedo, miedo a la enormidad de la vida, a esta increíble existencia. Nos da miedo. Y por ese miedo creamos algún pequeño conocimiento en torno a nosotros mismos para que sirva de protección, de coraza, de defensa.

Solo los cobardes reducen a preguntas la inmensamente valiosa capacidad de asombro. Los que son verdaderamente valientes, los que tienen coraje, lo dejan tal como es. En vez de transformar el misterio en preguntas, saltan a él. En vez de intentar controlar el misterio, dejan que los posea.

Y la dicha de ser poseído, la bendición de ser poseído es inestimable. Es algo que no te puedes imaginar, ni siquiera soñar; porque ser poseído por el misterio es ser poseído por el todo.

Cuando escucho mi voz interior, me dice que algunas veces lo que necesito es no hacer nada, simplemente dormir, comer, jugar en la playa. Pero no me atrevo a realizar esas intuiciones por temor a acabar siendo demasiado débil para sobrevivir en este mundo. ¿De verdad me protegerá la existencia si me dejo ir?

Para empezar, no hay por qué sobrevivir en este mundo. ¡Este mundo es una casa de locos! No hay por qué sobrevivir en él. No hay por qué sobrevivir en el mundo de la ambición, la política, el ego. Eso es la enfermedad. Pero hay otra forma de ser: estar en este mundo pero no ser *de* él.

«Cuando escucho mi voz interior, me dice que, algunas veces, lo que necesito es no hacer nada...» ¡Entonces no hagas nada! No hay nadie por encima de ti, y la existencia te habla directamente. Empieza a confiar en tus sensaciones internas. No hagas nada. Si sientes que solo quieres dormir, comer, y jugar en la playa, perfecto; ¡deja que esa sea tu religión! No tengas miedo.

Tendrás que deshacerte del miedo. Y si de lo que se trata es de elegir entre la sensación interna y el miedo, elige la sensación interna. No elijas el miedo. Demasiada gente ha elegido su religión por miedo, y por eso viven en el limbo. Ni son religiosos ni son mundanos; viven en la indecisión.

El miedo no te servirá de nada. El miedo siempre es a lo desconocido. El miedo siempre es a la muerte. El miedo siempre es a estar perdido. Pero, si realmente quieres estar vivo, tienes que aceptar la posibilidad de estar perdido. Tienes que aceptar la inseguridad de lo desconocido, la incomodidad y la inconveniencia de lo desconocido, de lo extraño. Ese es el precio que hay que pagar por la bendición posterior, no se puede conseguir nada sin pagar por ello. Hay que pagar por ello; si no, te quedarás paralizado por el miedo. Tu vida estará completamente perdida.

Disfruta tu sensación interna, cualquiera que sea.

«Creo que acabaría haciéndome demasiado débil para sobrevivir en este mundo.» No tiene por qué ser así. Eso es el miedo hablándote, el miedo creando más miedos. Del miedo nace más miedo.

«¿De verdad me protegerá la existencia?» De nuevo, el miedo pidiendo garantías, promesas. ¿Quién te va a garantizar? ¿Quién puede ser un aval para tu vida? Estás pidiendo una especie de seguro. No, eso no es posible. En la existencia no hay nada asegurado; no puede haberlo. ¡Y eso es bueno! Si así fuera, si la existencia también estuviera asegurada, ya estarías muerto. Se perdería toda la gran emoción de estar vivo como una hoja recién nacida bajo el azote del viento.

La vida es hermosa porque es insegura. La vida es hermosa porque existe la muerte. La vida es hermosa porque se puede perder. Si no la pudieras perder, todo se te estaría imponiendo, incluso la vida se convertiría en un cautiverio. No podrías disfrutarla. No podrías ser feliz y libre aunque te lo ordenaran, porque la felicidad y la libertad habrían desaparecido.

«¿De verdad me protegerá la existencia si me dejo ir?» ¡Inténtalo y descúbrelo! Solo te puedo decir una cosa... y recuerda que no le estoy hablando a tu miedo. Solo os puedo decir una cosa a todos vosotros: los que lo han intentado han descubierto que la existencia protege. Pero no le estoy hablando a vuestro miedo. Simplemente estoy alentando vuestra aventura, eso es todo. Os estoy persuadiendo, seduciendo hacia la aventura. No le estoy hablando a vuestro miedo. Todos los que lo han intentado han descubierto que la protección es infinita.

Pero no sé si puedes entender la protección que te da el universo. El tipo de protección que tú estás pidiendo no la puede dar el universo porque no sabes lo que estás pidiendo. Estás pidiendo la muerte. Solo un cuerpo muerto puede estar totalmente protegido. Lo que está vivo, siempre está en peligro. Estar vivo es un riesgo. Y cuanto más vivo, más aventura, más riesgo, más peligro.

Nietzsche solía tener un lema colgado en la pared: «Vive peligrosamente». Alguien le preguntó: «¿Por qué ese lema?». Y él contestó: «Es un recordatorio, porque mi miedo es tremendo».

Vive peligrosamente porque es la única manera de vivir; no hay otra. Escucha siempre la llamada de lo desconocido y acude a ella. Nunca intentes establecerte en ningún sitio. Establecerse es morir, es una muerte prematura.

En cierta ocasión asistí a una fiesta de cumpleaños de una niña pequeña. Había muchos juguetes y muchos regalos, y la niña estaba realmente feliz, todas sus amigas habían venido y estaban bailando. De repente, le preguntó a su madre: «Mamá, antes, cuando tú vivías, ¿existían estos días tan bonitos?».

La gente muere antes de su muerte. La gente se instala en la seguridad, en el confort, en la conveniencia. La gente se instala en una especie de existencia tumba.

No le estoy hablando a tu miedo.

«¿De verdad me protegerá la existencia si me dejo ir?» Siempre ha protegido, y no creo que vaya a ser diferente solo en tu caso. No puedo creer que tú vayas a ser una excepción. Siempre ha sido así; la existencia ha protegido a aquellos que se han dejado en sus manos, que se han abandonado a ella, que se han rendido a ella.

Sigue a la naturaleza. Sigue a tu naturaleza interna.

Cuando leí la siguiente anécdota, me encantó.

> Era primavera en el campus de la Universidad de Columbia, y habían puesto carteles de NO PISAR en el césped recién plantado. Los estudiantes, ignorando los avisos y su petición expresa, seguían cruzando a través de la hierba. El asunto se fue calentando hasta que, finalmente, el encargado de los edificios y jardines llevó el problema a Dwight Eisenhower, que entonces era el rector de la universidad.
>
> «¿Se le ha ocurrido alguna vez que el camino más corto para llegar a cualquier parte es la línea recta? —preguntó Eisenhower—. ¿Por qué no averiguamos las rutas que toman los estudiantes y las convertimos en caminos?»

Así debería ser la vida, las carreteras, los caminos, los principios no deberían estar fijados de antemano.

Déjate ir. Fluye naturalmente y deja que ese sea tu camino. Camina y, al caminar, haz tu camino. No vayas por grandes autopistas, están muertas, y no vas a encontrar nada en ellas. Ya lo han recogido todo. Si vas por una gran autopista, te estarás alejando de la naturaleza. La naturaleza no sabe de caminos, de patrones fijos. Fluye siguiendo mil y un patrones, pero todos espontáneos. Fíjate bien... siéntate en la playa y observa el mar. Llegan millones de olas, pero cada una de ellas es única y diferente. No hay dos olas iguales. No siguen ningún patrón.

Ningún ser humano, digno de ese nombre, seguirá ningún patrón.

Hay gente que viene y me dice: «Muéstrame el camino». Yo les digo: «No pidas eso. Yo solo puedo enseñarte a andar; no te puedo mostrar el camino». Por favor, intenta ver la diferencia. Yo solo puedo enseñarte a caminar, a caminar con valentía. No puedo enseñarte el camino, porque «el camino» es para cobardes. El camino es para los que no saben caminar, para los que están paralizados. Los que saben caminar van a campo través, y hacen su camino al caminar.

Cada uno llega a la verdad por un camino diferente. No se puede llegar en masa, en colectivo. Llegas solo, completamente solo.

Yo me limito a enseñarte a ser tú mismo, nada más. Sé que te resulta muy difícil comprenderme porque, debido a tu miedo, quisieras que te diera un patrón de vida, una disciplina, un estilo, una forma de vida.

Las personas como yo siempre han sido malinterpretadas. Lao Tzu, Zaratustra, Epicuro, siempre han sido malinterpretados. Las personas más religiosas han sido consideradas irreligiosas porque alguien realmente religioso te enseñará libertad, te enseñará amor. No te enseñará leyes; te enseñará amor. No te enseñará un patrón muerto de vida. Te enseñará un caos, una anarquía, porque las estrellas solo nacen del caos. Te enseñará a ser completamente libre.

Sé que da miedo; la libertad da miedo; si no, ¿por qué tendría que haber tantas prisiones en el mundo? ¿Por qué la gente habría de llevar consigo una prisión invisible en torno a su vida? Solo hay dos tipos de presos: los que viven en una prisión visible y los que viven en una prisión invisible. Estos últimos llevan su prisión consigo; en el nombre de la conciencia, en el nombre de la moralidad, en el nombre de la tradición, en el nombre de una cosa u otra. Hay miles de nombres para el cautiverio y la esclavitud.

La libertad no tiene nombre. No hay diferentes tipos de libertad, la libertad es una. ¿Alguna vez te has dado cuenta? La verdad es una. Las mentiras pueden ser millones. Se puede mentir de un millón de formas. La verdad es simple, un camino es suficiente. El amor es uno; las leyes son millones. La libertad es una; las prisiones son muchas.

Y a no ser que estés muy alerta, nunca serás capaz de moverte libremente. Como mucho, podrás cambiar de prisión. Podrás ir de una prisión a otra, y disfrutar del paseo. Eso es lo que está ocurriendo en el mundo. Algún católico se hace comunista, algún hindú se hace cristiano, algún musulmán se hace hindú, y lo disfrutan; al menos, sienten un poco de libertad mientras cambian de prisión. En el camino de una prisión a otra, se sienten bien. Vuelven a estar de nuevo en la misma trampa, solo que con un nombre diferente. Todas las ideologías son prisiones. Yo te enseño a tener cuidado con ellas; incluso con la mía.

Un verso de un poema de Rumi dice así: «Ve hacia dentro, pero no como el miedo hace que vayas». Algunas veces, en meditación, llego a rozar un espacio horizontal en blanco sin puntos de referencia de quién soy, y siento un miedo atroz. ¿Podrías ayudarme a entender ese miedo y a hacerme amigo de él?

Las palabras de Mevlana Rumi son inmensamente significativas. Pocas personas han conmovido y transformado tantos corazones como Jalaluddin Rumi. En el mundo de los sufíes, Rumi es un emperador. Sus palabras no deben ser entendidas como meras palabras, sino como fuentes de profundos silencios, como ecos de las canciones más íntimas y profundas. Han pasado más de doce siglos desde que vivió.

Su técnica de meditación es un tipo especial de danza. Se trata de girar, igual que lo hacen los niños; giran y giran sobre un punto. Es algo que hacen los niños pequeños en cualquier parte del mundo, y sus mayores les mandan parar diciéndoles: «Te vas a marear, te vas a caer, te vas a hacer daño», y, «¿por qué haces eso?».

Jalaluddin Rumi convirtió el girar en una meditación. El meditador gira durante horas; todo el tiempo que el cuerpo le permita; no para por decisión propia. Girando, llega un momento en que se ve a sí mismo completamente quieto y en silencio, como en el centro de un ciclón. El cuerpo está girando alrededor del centro, pero hay un espacio que no se mueve; eso es su ser.

El propio Rumi giró sin cesar durante treinta y seis horas hasta que cayó porque el cuerpo no podía girar más. Pero cuando abrió los ojos era otro hombre. Cientos de personas se habían congregado para verle. Muchos de ellos pensaban que estaba loco. «¿Qué es esto de girar? No se puede decir que sea una plegaria, tampoco se puede decir que sea una gran danza, ni que tenga algo que ver con la religión, con la espiritualidad.» Pero, treinta y seis horas después, cuando vieron a Rumi renacido, en una conciencia nueva, tan resplandeciente, tan radiante, tan nuevo, tan fresco, no podían creerse lo que estaban viendo. Cientos de ellos lloraron arrepentidos por haber pensado que estaba loco. Lo cierto es que él estaba cuerdo y ellos estaban locos.

Esa corriente se ha mantenido viva a lo largo de estos doce siglos. Pocos movimientos de crecimiento espiritual se han mantenido vivos durante tanto tiempo. Todavía hay cientos de derviches. «Derviche» es el término sufí para denominar al buscador espiritual. Hasta que no lo experimentas, no puedes creer que solo girando puedas conocerte a ti mismo. No hace falta ninguna austeridad, ninguna auto-tortura, con solo una experiencia de tu ser íntimo, eres transportado a otro plano de la existencia, del plano mortal al inmortal. La oscuridad desaparece y solo hay luz eterna.

Las palabras de Rumi han de ser escuchadas con mucha atención porque no habló mucho; solo dejó unos pocos poemas. Su declaración: «Ve hacia dentro, pero no como el miedo hace que vayas», es muy hermosa.

No como el miedo hace que vayas.

Ve como el amor hace que vayas. Ve como la dicha hace que vayas; no por miedo, porque todas las llamadas religiones son consecuencia del miedo. Su Dios no es otra cosa que miedo, y su paraíso y su infierno no son más que proyecciones de codicia y miedo.

La declaración de Rumi es revolucionaria: No vayas por miedo. Todas las religiones le dicen a la gente: «¡Teme a Dios!». Mahatma Gandhi solía decir: «No le temo a nadie más que a Dios». Cuando lo escuché, dije que esa era la declaración más estúpida que alguien podría hacer. Puedes temer a todo el mundo menos a Dios, porque uno solo puede acercarse a Dios a través del amor. Dios no es una persona sino el latido del corazón universal. Si puedes cantar y bailar con amor… una actividad corriente como girar con amor… La dicha y la celebración son suficientes para llegar al más íntimo santuario del ser y la existencia.

Todos vosotros habéis estado viviendo desde el miedo. Os relacionáis desde el miedo. El miedo es tan abrumador —como un nubarrón que cubre vuestra vida— que os hace decir cosas que no queréis decir, pero el miedo os las hace decir. Hacéis cosas que no queréis hacer, pero el miedo os hace hacerlas. Solo se necesita un poco de inteligencia para darse cuenta.

Millones de personas adoran piedras esculpidas por ellos mismos. Crean sus dioses y luego los adoran. Deben estar haciéndolo por miedo, porque ¿cómo van a encontrar a Dios? La manera más fácil es esculpir un dios en un hermoso mármol y adorarlo. Y a nadie se le ocurre pensar que eso es pura estupidez porque todos están haciendo lo mismo, con ligeras diferencias: unos en el templo, otros en la mezquita y otros en la sinagoga, pero es lo mismo. En el fondo, la razón es la misma: lo hacen por miedo. Sus plegarias están llenas de miedo.

La declaración de Rumi es revolucionaria, extraordinaria: «Ve hacia dentro, pero no como el miedo hace que vayas». Entonces ¿cuál es la forma de ir hacia dentro? ¿Por qué no ir con alegría? ¿Por qué no convertir tu religión en un juego? ¿Por qué ser tan serio? ¿Por qué no ir riendo? Como un niño persiguiendo mariposas, alegremente, sin ninguna razón en especial; simplemente el júbilo de los colores y la hermosura de las flores y las mariposas es suficiente; y son inmensamente felices.

Encuentra, cada veinticuatro horas, algún momento sin miedo... es decir, un momento en el que no estés pidiendo nada. Un momento en el que no estés pidiendo ninguna recompensa ni estés preocupado por ningún castigo; entonces, simplemente, disfruta de girar, de ir hacia dentro.

Al principio puede resultar un poco difícil. Pero según vayas entrando, te irás sintiendo dichoso, alegre, bendito. Surgirá en ti una gratitud como no habrás sentido antes y se abrirá un espacio infinito, tu cielo interior.

Tu cielo interior no es inferior al cielo exterior: también tiene sus propias estrellas, su propia luna, sus propios planetas y su propia inmensidad; es un universo exactamente igual de grande que el que se puede ver en el exterior. Estás justo en medio de dos universos: uno está fuera de ti y el otro dentro de ti. El universo exterior está formado de cosas, y el universo interior está formado de conciencia, de felicidad, de dicha.

Ve hacia dentro, pero no como el miedo hace que vayas, porque el miedo no puede ir hacia dentro.

¿Por qué no puede ir el miedo hacia dentro? El miedo no puede estar solo y, para ir hacia dentro, hay que estar solo. El miedo necesita una multitud, necesita compañía, amigos, incluso se apañará con enemigos. Pero para estar solo, para ir hacia dentro, no puedes llevar a nadie contigo, tampoco te puedes llevar ninguna cosa. Ni tu riqueza, ni tu poder, ni tu prestigio; no te puedes llevar nada. ¡Dentro no te puedes llevar ni tu vestimenta! Tendrás que ir desnudo y solo. Por eso el miedo no puede ir hacia dentro, el miedo va hacia fuera.

El miedo va hacia el dinero, hacia el poder, hacia Dios; va en todas las direcciones excepto hacia dentro.

Para ir hacia dentro, el primer requisito es no tener miedo.

También te preguntas cómo hacerte amigo del miedo. Uno no tiene que hacerse amigo de la oscuridad, de la muerte o del miedo. Uno tiene que deshacerse de ellos. Uno simplemente tiene que despedirse de ellos para siempre. El miedo es tu atadura, y la amistad hará que se vuelva más profunda aún.

No pienses que hacerte amigo del miedo te capacitará para ir hacia dentro. El miedo, incluso el amistoso, te lo impedirá, de hecho, te lo impedirá aún más, aunque lo hará de una forma amistosa, te aconsejará: «No lo hagas, dentro no hay nada. Caerás en una nada de la que es imposible regresar. Ten cuidado de no caer en tu interioridad. Aférrate a las cosas».

No hay que hacerse amigo del miedo; hay que entenderlo, entonces, desaparece.

¿De qué tienes miedo? Cuando naciste, venías desnudo. Tampoco venías con una cuenta bancaria, pero no tenías miedo. A este mundo uno llega completamente desnudo, pero entra como un emperador. Ni siquiera un emperador puede entrar al mundo como lo hace un niño. Al entrar hacia dentro ocurre lo mismo. Es un segundo nacimiento; te vuelves niño de nuevo, con la misma inocencia, con la misma desnudez y la misma no posesividad. ¿Qué es lo que hay que temer?

En la vida no se le puede tener miedo a nacer, porque ya ha ocurrido, ya no se puede hacer nada al respecto. Tampoco se le puede tener miedo a la vida, porque ya está ocurriendo. Y tampoco se le puede tener miedo a morir, porque ocurrirá hagas lo que hagas. Así que ¿dónde está el miedo?

Muchas veces me han preguntado, incluso personas muy cultas, si alguna vez me preocupa lo que pueda ocurrir después de la muerte. Y yo, que siempre me sorprendo de que esas personas sean consideradas cultas, les contesto: «Antes de que yo naciera, no existía preocupación. Nunca, ni por un solo instante, se me ha ocurrido pensar en las dificultades, la ansiedad, la angustia que habré tenido que afrontar cuando todavía no había nacido. ¡Simplemente no existía! Con la muerte ocurre lo mismo; cuando mueres, mueres».

Mencio, el discípulo más destacado de Confucio, le preguntó a este: «¿Qué ocurre después de la muerte?».

Confucio le contestó: «No malgastes tu tiempo. Ya tendrás tiempo para pensar en ello cuando estés en tu tumba, ¿por qué hacerlo ahora?».

El miedo a lo que pueda ocurrir cuando te hayas muerto es innecesario. Lo que haya de ocurrir, ocurrirá; y, en cualquier caso, no se puede hacer nada al respecto antes de tiempo. No sabes qué tipo de preguntas tendrás que responder o qué clase de gente te encontrarás, así que no tiene sentido hacer los deberes, aprender sus costumbres, su idioma... No sabemos nada; así que es absurdo preocuparse. No pierdas el tiempo.

Pero hay miedo, miedo a que vaya a ocurrir algo. Después de la muerte, estarás muy solo; aunque llames desde tu tumba, nadie te oirá.

He oído que en Estados Unidos existe un movimiento llamado «Patata de sofá». Fue fundado por personas que están todo el día en el sofá viendo la televisión. Comenzó en 1982, y se convirtió en un gran fenómeno. Se publicaron dos libros, *Manual oficial del patata de sofá* y *Guía de comportamiento del patata de sofá*. También había un boletín, *La voz del tubérculo*. El fundador del movimiento predicaba el evangelio del patata de sofá, decía: «Sentimos que ver la televisión es una forma de meditación autóctona americana. Lo llamamos Vegetación Trascendental».

Por miedo, la gente puede hacer cualquier cosa. ¡Incluso afiliarse al movimiento del patata de sofá! Se sientan siete u ocho horas al día en el sofá como una patata, y van engordando y engordando… Solo se levantan de vez en cuando para ir al frigorífico; el resto del tiempo, están en su Vegetación Trascendental. Nunca se había hecho a tan gran escala.

¿Qué hace que una persona se pase todo el día viendo televisión? Si lo observamos desde un punto de vista psicológico, veremos que esas personas no quieren saber nada acerca de ellas mismas, que están intentando evadirse de sí mismas viendo televisión. La televisión es una excusa para llenar el tiempo, porque, si no, con tanto tiempo libre, tendrían que mirar hacia dentro, y eso les asusta.

¿Hacia dentro?... pero si el frigorífico está fuera. ¿Hacia dentro?... pero si el novio está fuera. Dentro no encontrarás nada. No puedes ir de compras. Simplemente, te ahogarás en la nada. Y ese ahogarse en la nada da miedo.

Y ese es el problema: ese miedo solo surge porque no conoces la belleza, la bendición y la dicha de ahogarse en la nada, porque no conoces el éxtasis que se produce cuando caes adentro. Tienes que probarlo.

No quiero que creas, quiero que experimentes.

Si miles de místicos han experimentado algo adentro, al menos hipotéticamente, también tú puedes echarle un vistazo. Puede que haya algo y te lo estés perdiendo.

No hay lugar para el miedo, lo único que se necesita es un poco de inteligencia —no amistad con el miedo—, un corazón aventurero, el valor de los que se atreven a entrar en lo desconocido. Ellos son los bienaventurados, porque descubren el significado y el sentido de la vida. Los demás solo vegetan.

Un poco de inteligencia, un poco de sentido del humor, un corazón amoroso, es todo lo que necesitas para entrar en tu propio ser. Las personas serias se quedan fuera con sus caras largas.

> Una madre de unos cuarenta años, su hija de unos veinte años, un cura y un soldado viajaban en el mismo compartimiento del tren.
>
> Al pasar por un túnel, en la oscuridad, se oyó un beso y una bofetada.
>
> Cuando el tren salió del túnel, la madre pensó: «El soldado debe de haberle dado un beso a la niña y, como es tan recatada, le ha dado un bofetón».
>
> La hija pensó: «El cura o el soldado deben de haberle dado un beso a mi madre, que todavía está de muy buen ver, y les ha dado un bofetón».
>
> El cura pensó: «El soldado debe de haberle dado un beso a la madre o a la hija, se ha debido equivocar, y vaya bofetón que me he llevado».
>
> Y el soldado pensó: «En el próximo túnel me vuelvo a besar la mano y le suelto otra hostia al cura».

Un poco de sentido del humor, un poco de risa, de inocencia infantil; ¿por qué tener miedo? ¿Qué puedes perder? No tenemos nada. Hemos venido sin nada y nos iremos sin nada. Antes de que eso ocurra, una pequeña aventura hacia dentro para ver quién es este individuo que se esconde tras la vestimenta, dentro del esqueleto; quién es esta persona que nace, se hace adulto, se enamora y, un día, muere y nadie sabe adónde va…

Un poco de curiosidad para investigar el propio ser de uno. Es muy natural; no hay lugar para el miedo.

¿Podrías comentar algo más acerca de ese fenómeno que llamas «ahogarse en la nada»? A mí, me produce la sensación de estar cayendo en un espacio vacío, y eso me hace sentir inseguro, me asusta.

La palabra *vacío* procede de una raíz que significa ocioso, desocupado. Ateniéndose a la raíz, es una palabra hermosa. Cuando estás desocupado, ocioso, estás vacío.

Y recuerda: el refrán que dice que la mente vacía es el taller del diablo, es una insensatez. De hecho, es justo lo contrario: la mente ocupada es el taller del diablo. La mente vacía es el taller de Dios, no del diablo. Pero tienes que entender que cuando digo «vacía» me refiero a ociosa, relajada; que no está tensa, inquieta, deseando, yendo a ninguna parte. Simplemente presente, totalmente presente. Una mente vacía es una presencia pura; estamos aquí; todos los budas han salido de esta presencia pura. En esa presencia pura, estás en Dios, eres Dios. Ocupado, caes, tienes que ser expulsado del Jardín del Edén. Desocupado, regresas al jardín, regresas a casa.

Cuando la mente no está ocupada por la realidad —por las cosas, por los pensamientos—, está eso que es. Y eso que es, es la verdad. Solo en el vacío puede haber un encuentro, una fusión. Solo en el vacío, te abres a la verdad y la verdad entra en ti. Solo el vacío está preñado de verdad.

Los estados de la mente son tres. El primero es conciencia con contenido. Siempre tienes contenidos en la mente: un pensamiento que pasa, un deseo que surge, ira, codicia, ambición. Siempre hay algún contenido en la mente; la mente nunca está desocupada. El tráfico es permanente, día tras día. Cuando estás despierto y mientras duermes. Cuando estás despierto lo llamas pensamiento, cuando estás durmiendo lo llamas sueño; pero es el mismo proceso. Soñar es un poco más primitivo; es pensar en imágenes, como los niños pequeños. Por eso, en los libros para niños pequeños, hay que poner imágenes grandes, con muchos colores, porque ellos piensan en imágenes. Aprenden las palabras a través de las imágenes. Poco a poco, esas imágenes se irán haciendo cada vez más pequeñas y, finalmente, desaparecerán.

El hombre primitivo también pensaba en imágenes, las lenguas más antiguas son pictóricas. La china, por ejemplo, es una lengua pictórica; no tiene alfabeto.

Por la noche, vuelves a ser primitivo, olvidas la sofisticación del día y empiezas a pensar en imágenes; pero es lo mismo. La visión del psicoanalista es valiosa; él analiza tus sueños. En los sueños hay más verdad, porque, en ellos, eres más primitivo, eres más auténtico; no intentas engañar a nadie.

Durante el día vas cubierto por una personalidad que te oculta; capas y capas de personalidad. Es muy difícil discernir a la verdadera persona; hay que escarbar mucho y, como eso es doloroso, la persona se resistirá. Pero, por la noche, cuando te quitas la ropa, también te quitas la personalidad; no es necesaria porque no tendrás que comunicarte con nadie, estarás solo, en la cama. No estarás en el mundo; estarás dentro de tu esfera privada así que no te hace falta ocultarte ni fingir. Por eso, el psicoanalista intenta entrar en tus sueños, porque muestran quién eres con mucha más claridad.

Pero se trata del mismo juego con diferentes lenguajes, el juego es el mismo. Ese es el estado habitual de la mente; mente y contenido, conciencia más contenido.

El segundo estado de la mente es: conciencia *sin* contenido; eso es meditación. En dicho estado, estás plenamente alerta y existe una separación, un hueco. No aparece ningún pensamiento, no hay ningún pensamiento dentro de ti. No estás durmiendo, estás despierto; pero no hay pensamiento. Eso es meditación. Al primer estado se le llama mente; al segundo, meditación.

Y luego está el tercer estado. Cuando el contenido ha desaparecido, cuando el objeto ha desaparecido, el sujeto no puede permanecer por mucho tiempo, porque ambos existen en función del otro. Se producen el uno al otro. Cuando el sujeto se queda solo, solo puede permanecer un poco más por el impulso del pasado. Sin contenido, la conciencia no puede permanecer por mucho tiempo; no será necesaria, porque la conciencia siempre tiene que ser *de* algo. Si dices que eres «consciente», se te puede preguntar: «¿De qué?». Dices: «Soy consciente *de*…». El objeto es necesario, imprescindible para la existencia del sujeto. Si el objeto desaparece, el sujeto también desaparecerá al poco tiempo. Primero desaparece el contenido, luego desaparece la conciencia.

A este tercer estado se le llama *samadhi*: no contenido, no conciencia. Pero, recuerda, este no-contenido, no-conciencia, no es un estado de *inconciencia*. Es un estado de superconciencia, de conciencia trascendental. La conciencia, entonces, solo es consciente de sí misma. La conciencia se ha vuelto hacia sí misma; el círculo se ha completado, has llegado a casa. Este es el tercer estado, *samadhi*; y este tercer estado es lo que Buda llama *shunyata*, vacío.

Primero, se abandona el contenido y te quedas medio vacío; luego, se abandona la conciencia y te quedas completamente vacío. Este vacío absoluto es lo más maravilloso que te puede ocurrir, la mayor bendición.

En esta nada, en este vacío, en esta ausencia del yo, en este *shunyata* hay una total seguridad y estabilidad.

Puede que eso te parezca extraño; ¿total seguridad y estabilidad cuando *no* eres? Todos los miedos desaparecen... porque ¿cuál es el miedo básico? El miedo básico es el miedo a la muerte. Todos los demás miedos solo son reflejos de ese miedo básico. Todos los miedos pueden resumirse en uno: el miedo a la muerte, el miedo a que: «Un día, tendré que desaparecer, tendré que morir. Ahora existo, pero llegará un día que no existiré». Eso es lo que asusta, ese es el miedo.

Para eludir ese miedo, empezamos a actuar de forma que podamos vivir el máximo tiempo posible. Por ese miedo, intentamos asegurar nuestras vidas, empezamos a claudicar, empezamos a volvernos cada vez más seguros, más cautos. Nos quedamos paralizados porque, cuanto más seguro estás, cuanto más «a salvo» estás, menos vives.

La vida consiste en desafíos, la vida consiste en crisis, la vida necesita inseguridad. Se desarrolla en el suelo de la inseguridad. Siempre que estés inseguro, notarás que estás más vivo, más alerta. Por eso tantas personas ricas se tornan lánguidas: les rodea una especie de estupidez, de estupor. Están tan seguros que no hay desafío. Están tan seguros que no necesitan ser inteligentes. Con tanta seguridad, ¿para qué van a necesitar inteligencia? La inteligencia solo es necesaria cuando hay un desafío; el desafío estimula la inteligencia.

Así que, por el miedo a la muerte, nos esforzamos para conseguir seguridad, una cuenta bancaria, un seguro, casarnos, una vida estable, un hogar. Nos integramos en un país, en un partido político, en una iglesia; nos hacemos hindúes, cristianos, musulmanes. Todo eso lo hacemos para buscar seguridad. Todo eso lo hacemos para tener algún lugar al que pertenecer; un país, una iglesia.

Además, ese miedo permite que los políticos y los sacerdotes te sigan explotando. Si no tienes miedo alguno, ningún político, ningún sacerdote te puede explotar. El miedo es la única razón de que te puedan explotar, porque, entonces, ellos te pueden proporcionar o, al menos, prometer algo que te haga sentir más seguro: «Esto te dará seguridad. Puedo garantizártelo». Puede que nunca te den nada, esa es otra cuestión, pero la promesa está hecha, y esa promesa hace que la gente siga explotada y oprimida. La promesa les mantiene cautivos.

Cuando conoces este vacío interno, el miedo desaparece, porque ya has ido a través de la muerte. En ese vacío, ha ocurrido. En ese vacío, desapareces, ¿cómo vas a seguir teniendo miedo? ¿De qué? ¿De quién? ¿Quién va a tener miedo? En este vacío, todos los miedos desaparecen porque la muerte ya ha ocurrido. Entonces, ya no es posible ninguna muerte. Sientes una especie de inmortalidad, de intemporalidad. La eternidad ha llegado. Entonces, no buscas seguridad; no hace falta.

Este es el estado de un *sannyasin*; este es el estado en el que no necesitas pertenecer a un país, a una iglesia o cualquier otra estúpida organización.

Solo cuando te conviertes en nada, puedes ser tú mismo. Parece paradójico...

No tienes por qué claudicar, porque uno claudica por miedo y codicia. Puedes vivir en rebelión porque no tienes nada que perder. Puedes *convertirte* en una rebelión; no tienes nada que temer. Nadie puede matarte, ya lo has hecho tú mismo. Nadie te puede quitar nada, has abandonado todo aquello que te hubieran podido quitar. Ahora, estás en la nada, eres una nada. Por eso se da el fenómeno paradójico: en esta nada surge una gran seguridad, una gran estabilidad, porque ya no hay muerte posible.

Y con la muerte, también desaparece el tiempo. Con la muerte, también desaparecen todos los problemas producidos por la muerte y el tiempo. Tras todas estas desapariciones, lo que queda es un cielo puro. Este cielo puro es *samadhi*, nirvana.

Haz el amor, no el miedo
Confiando en uno mismo y en los demás

LA VIDA DE TODO EL MUNDO, en mayor o menor medida, es gobernada por el miedo. Solo hay dos formas de vivir la vida: o gobernada por el amor, o gobernada por el miedo. Normalmente, a no ser que hayas aprendido a amar, es gobernada por el miedo.

Si no hay amor, habrá miedo. El miedo no es más que una ausencia de amor; en él, no hay nada positivo, solo es una ausencia de amor. Pero si eres capaz de amar, el miedo desaparece. En los momentos de amor ni siquiera hay muerte.

En la vida solo hay una cosa que vence a la muerte, el amor. Todos los miedos están relacionados con la muerte; y solo el amor puede vencer a la muerte.

Por eso, quiero decirte una cosa: no le hagas demasiado caso al miedo porque se acaba convirtiendo en una autohipnosis. Si insistes en repetir que vives con miedo, que tu vida es gobernada por el miedo, ¡estás acabado! Eso es una clara señal de que el amor todavía no es lo suficiente poderoso para que el miedo desaparezca.

El miedo solo es un síntoma, no es una enfermedad. No hay

cura para él, no hace falta. Solo es un síntoma, un síntoma muy útil que te indica que estás malgastando tu vida y deberías dejar de hacerlo. Es una señal de que has de amar más.

Así que, en vez de hablarte del miedo, te ayudaré a amar más; y el miedo desaparecerá en consecuencia. Si trabajas directamente con el miedo, lo refuerzas, porque toda tu atención estará enfocada en él. Es como si alguien intentara destruir la oscuridad y se concentrara, se obsesionara con destruir la oscuridad. No se puede destruir la oscuridad porque, en primer lugar, no está ahí. Date cuenta del hecho de que hay oscuridad, y luego dedica tus esfuerzos a traer luz.

La misma energía que estás usando para combatir el miedo, la puedes usar para amar. Pon más atención en el amor. Cuando toques, hazlo lo más amorosamente que puedas, como si todo tu ser estuviera en tu mano y fluyeras a través de ella. Sentirás energía pasando a través de ella, una especie de calor, de resplandor. Cuando hagas el amor, desmelénate y olvida por completo los modales. Olvida todo lo que te han enseñado acerca del amor; sé salvaje, ama como los animales.

Cuando te das cuenta de que la presencia del amor se convierte en ausencia de miedo, estás en el buen camino y ya no hay problema.

Cuando el hombre vive con miedo, se vuelve duro. Es el miedo lo que produce la dureza. En el miedo, nos cerramos; cerramos todas las puertas y ventanas. Empezamos a vivir en un agujero muy pequeño y oscuro. Nuestra vida se convierte en muerte. Y creamos una coraza en torno a nosotros, una coraza dura, de acero, para estar protegidos, seguros, a salvo.

Eso no es una forma de vivir la vida; es una forma de suicidarse. Eso es el verdadero suicidio, es meterse en la tumba; porque ese tipo de existencia cerrada nunca llegará a conocer la verdad, la belleza, el amor, la bendición, la divinidad. Si no permites que entre nada, ¿cómo vas a conocer lo que te rodea? Y si no conoces lo que te rodea, nunca podrás conocerte a ti mismo. Uno solo se puede conocer a sí mismo con la referencia del otro. Primero hay que conocer el «tú», luego, se puede conocer el «yo».

Los psicólogos dicen que el niño primero es consciente del otro: de la madre, del padre, de los hermanos, de las hermanas, de la familia, de las cosas que le rodean, de la habitación, de las paredes, de los juguetes. Luego, poco a poco, se va acercando más... hasta que se hace consciente de su cuerpo. Y, más tarde, un día, empieza a sentirse como un individuo separado. Primero es consciente del otro y, luego, con la referencia del otro, se define. El otro le da la definición.

Una persona que vive en las posesiones no conocerá su verdadero yo, porque vivirá rodeado de cosas, y las cosas solo pueden definirte como una cosa; no pueden definirte como una alma.

Solo en el amor profundo, uno reconoce su alma, porque, en el amor profundo, uno es consciente del alma del otro, y el alma del otro produce una respuesta en ti, produce una resonancia en ti. De repente, eres consciente de una nueva dimensión, de algo que está más allá del tiempo y el espacio. El «tú» se convierte en el espejo que refleja tu propia cara. El amor es el mejor espejo para mostrarte lo que eres.

La persona cerrada nunca sabe quién es, no puede saberlo. Todo lo que sabe sobre sí mismo es falso; vive con una identidad falsa. Cree que es su nombre, su dinero, su poder y su prestigio, y eso es una tontería; él no es ninguna de esas cosas; es algo divino, algo que existía antes del nacimiento y que existirá después de la muerte… pero no será consciente de ello.

Uno tiene que volverse blando, vulnerable, abierto. Uno tiene que volverse casi como una esponja, para que el sol, la lluvia y el viento puedan ser recibidos, invitados, aceptados, bienvenidos, para que la existencia pueda penetrarle. Uno tiene que permitir que la existencia llegue hasta lo más profundo de él, porque esa es la única forma —que la existencia entre en lo más profundo de su ser— de hacerle consciente de sus profundidades. Si penetra hasta lo más profundo, será consciente de su centro. Y eso es lo que significa autoconocimiento.

Pero uno tiene que aprender a ser blando, a quitarse todas las corazas, a abrir todas las puertas y ventanas, a desengancharse del miedo, a enamorarse de los árboles, las montañas, los ríos y la gente… porque el amor es la llave que abre tus puertas. Solo cuando estás enamorado puedes abrirte a alguien, puedes permitir que el otro llegue hasta ti, puedes confiar, porque entonces no tienes miedo, sabes que el otro no te hará daño.

El día que uno confía por completo en la existencia, el día que uno sabe: «No va a hacerme daño porque formo parte de ella; ¿cómo iba el todo a hacer daño a la parte? Mi dolor será su dolor, mi desdicha será su desdicha...». Cuando eres desdichado, una parte de la existencia es desdichada. Cuando tú lloras, la existencia está llorando porque tus lágrimas son las lágrimas del todo. Todos los ojos son los ojos del todo, y todas las manos son las manos de la existencia. El todo, lo divino, no tiene otros ojos ni otras manos. Así que cuando tus ojos están llenos de lágrimas y tu corazón lleno de dolor, la existencia está llena de dolor y de lágrimas. ¿Cómo iba el todo a hacer daño o herir a la parte? ¡Es imposible! Es un miedo innecesario.

Lo único que yo enseño es que hay que deshacerse del miedo, que es absolutamente innecesario y, además, te está mutilando, paralizando. El miedo es una especie de veneno lento que va matando a la gente, que va destruyendo a la gente. Están vivos pero no viven, solo mueren. Están muriendo durante un largo período de tiempo, setenta, ochenta años, lentamente, parte a parte. No es un suicidio inmediato, por eso no se reconoce como suicidio, pero lo es.

Mi observación es que el noventa y nueve por ciento de la gente se suicida. Es difícil ver a una persona que viva, que realmente viva. Esa persona ha de tener el suficiente valor para estar abierta a todo tipo de experiencias, ha de estar abierta incondicionalmente.

¿Por qué siento miedo cuando alguien se me acerca? ¿Es falta de confianza?

Solo puedes confiar en lo demás si antes confías en ti mismo. Lo más importante es que primero ocurra en ti. Si confías en ti mismo, puedes confiar en la gente, puedes confiar en la existencia. Pero si no confías en ti mismo no puedes confiar en ninguna otra cosa.

Y todo el mundo siente miedo, en mayor o menor medida. Por eso, la gente no permite que los demás se acerquen demasiado; por eso, la gente evita el amor. Algunas veces, incluso en el nombre del propio amor. Las personas mantienen cierta distancia entre sí; solo dejan que el otro se acerque hasta cierto punto; si sobrepasan ese punto, surge el miedo.

¿Cuál es el miedo? El miedo es que el otro pueda ver tu vacío si se acerca demasiado. No tiene nada que ver con el otro. Nunca has sido capaz de aceptar tu vacío interior, ese es el miedo. Has creado una superficie muy, muy decorada. Tienes una bella cara con una hermosa sonrisa, hablas bien, te expresas bien, cantas bien, tienes un bonito cuerpo y eres buena persona. Pero todo ello está en la superficie. Detrás de todo eso solo hay vacío. Te da miedo que, si se acerca demasiado, alguien pueda ver más allá de la máscara, de tu sonrisa, de tus palabras. Y eso te da miedo. Tú sabes que no hay nada más. Solo eres una superficie, no tienes ninguna profundidad; ese es el miedo.

No es que no puedas tener profundidad; sí que puedes tenerla, pero no has dado el primer paso. El primer paso es aceptar este vacío interior con alegría, y entrar en él. No eludas tu vacío interior. Si lo haces, estarás impidiendo que la gente se acerque a ti. Si te deleitas en tu vacío, estarás completamente abierto y estarás invitando a la gente a acercarse a ti y a echar una mirada en tu más íntima capilla. Porque la cualidad del vacío es diferente según sea aceptado o rechazado.

La diferencia está en tu mente. Si lo rechazas, tiene aspecto de muerte; si lo aceptas, ese mismo vacío se convierte en la mismísima fuente de la vida.

Solo a través de la meditación, podrás permitir que los demás se acerquen a ti. Solo a través de la meditación, cuando sientes tu vacío interior como dicha, como celebración, como canción, cuando tu vacío interior no te exaspera, cuando tu vacío interior no te da miedo, cuando tu vacío interior es un consuelo, un amparo, un refugio, un solaz —en el que te sumerges, en el que desapareces siempre que estás cansado—, cuando amas tu vacío interior y de ese amor surge dicha, miles de lotos florecen en ese vacío, flotan en el lago del vacío.

Pero te da tanto miedo estar vacío que prefieres mirar para otro lado. Eres capaz de hacer cualquier cosa para no verlo: escuchas la radio, vas al cine, ves la televisión, lees el periódico o una novela de detectives; haces cualquier cosa, lo que sea, con tal de no ver tu vacío interior. Cuando estés cansado, dormirás y soñarás, pero nunca lo afrontarás. Nunca lo tendrás cerca de ti, nunca lo abrazarás. Por esa razón.

Preguntas: «¿Por qué siento miedo cuando alguien se acerca a mí?». Es bueno que te hayas dado cuenta. Todo el mundo siente miedo cuando alguien se acerca, pero muy pocos se dan cuenta de ello.

La gente solo acepta la cercanía muy condicionalmente: la mujer es tu esposa, entonces dejas que duerma en tu cama, que esté contigo durante la noche. Pero, aún así, mantienes un muro invisible entre tu esposa y tú. Es un muro invisible, pero está ahí.

Si quieres, puedes verlo; es un muro muy transparente, una pared de cristal, pero está ahí. Tú mantienes tu privacidad para ti y tu esposa mantiene su privacidad para sí. Vuestras privacidades nunca se encuentran. Tú tienes tus secretos y ella los suyos. En realidad, no estáis abiertos y disponibles el uno para el otro.

Ni siquiera en el amor, permites realmente que el otro entre en ti, que el otro te penetre. Pero recuerda, cuando permites que el otro te penetre, surge una gran dicha. Cuando los cuerpos de dos amantes se penetran hay un orgasmo físico, cuando dos mentes se penetran hay un orgasmo psicológico, y cuando dos espíritus se penetran hay un orgasmo espiritual.

Puede que de los dos últimos ni siquiera hayas oído hablar. Incluso el primero ocurre en raras ocasiones. Son muy pocos los que alcanzan el verdadero orgasmo físico, los demás se han olvidado de él. Creen que el orgasmo es la eyaculación. Muchos hombres creen que tienen orgasmos; y entre las mujeres, como no eyaculan, al menos visiblemente, el ochenta por ciento creen que no tienen orgasmo. Pero la eyaculación no es el orgasmo. No es más que una descarga local, una descarga sexual; no es un orgasmo. Una descarga es un fenómeno negativo; una simple pérdida de energía; el orgasmo es algo muy diferente. Es una danza de energía, no una descarga. Es un estado extático de energía. La energía se convierte en un flujo. Y recorre todo el cuerpo; no es sexual, es físico. Cada célula, cada fibra de tu cuerpo vibra con una nueva dicha, se rejuvenece... y, a continuación, surge una gran paz.

Pero la gente ni siquiera conoce el orgasmo físico, ¿qué decir, cómo hablar, del orgasmo psicológico? Cuando permites que alguien se acerque mucho a ti —un amigo, un amante, un hijo, un padre, no importa la clase de relación que sea—, cuando permites que alguien se acerque tanto que vuestras mentes empiecen a superponerse, a penetrarse, hay algo tan superior al orgasmo físico que supone un salto. El orgasmo físico es hermoso, pero nada comparado con el orgasmo psicológico. Cuando has conocido el orgasmo psicológico, el orgasmo físico empieza a perder su atracción poco a poco. Es un sucedáneo muy pobre.

Pero incluso el orgasmo psicológico no es nada comparado con el orgasmo espiritual, cuando dos espíritus —y por «espíritus» me refiero a dos vacíos, dos ceros— se superponen. Recuerda, dos cuerpos solo se pueden tocar; no pueden superponerse porque son físicos. Dos cuerpos no pueden estar en el mismo espacio. Es imposible. Así que, como mucho, puede haber un contacto físico cercano. Dos cuerpos solo se pueden tocar; incluso en el amor sexual, dos cuerpos solo se tocan. La penetración es muy superficial, no es más que un contacto físico; porque dos objetos físicos no pueden estar en el mismo lugar. Si yo estoy sentado en este asiento, nadie más puede estar sentado en el mismo lugar. Si en un determinado lugar hay una piedra, en ese mismo lugar, no se puede poner otra, el espacio está ocupado.

Los objetos físicos ocupan espacio, por lo tanto, dos objetos solo se pueden tocar; y eso es parte de la miseria del amor. Si solo conoces el amor físico, siempre serás desdichado porque solo podrás tocar, y el deseo profundo es convertirse en uno. Pero dos objetos físicos no pueden convertirse en uno. No es posible.

Entre dos psiques es posible una mejor comunicación. Se pueden acercar más. Pero, aún así, dos pensamientos tampoco pueden ocupar el mismo espacio porque los pensamientos son cosas sutiles. Pueden tocarse mucho mejor, pueden entrelazarse mucho mejor que dos cosas… las cosas son muy sólidas, los pensamientos son muy líquidos. Cuando los cuerpos de dos amantes se encuentran es como si se juntaran dos piedras; cuando dos psiques se encuentran es como si se juntara agua y aceite. El encuentro es mejor pero aún existe una división sutil. Dos pensamientos no pueden ocupar el mismo espacio. Cuando estás pensando un pensamiento, no puedes pensar otro al mismo tiempo; el primer pensamiento tiene que irse, hasta que no se vaya no puedes darle atención a otro pensamiento. En tu mente solo puede haber un pensamiento en un tiempo y en un espacio. Así que, incluso en la amistad, la amistad psicológica, falta algo, se añora algo. Es mejor que lo primero pero nada comparado con lo tercero.

La penetración espiritual es la única posibilidad de ser realmente uno con alguien; porque espíritu significa vacío. Dos vacíos pueden estar juntos. Y no solo dos, todos los vacíos del mundo pueden estar juntos en un espacio. Pueden ocupar el mismo espacio simultáneamente, al mismo tiempo, no hay problema; porque ni son concretos como los objetos, ni líquidos como el agua. Simplemente están vacíos de sí mismos. Se pueden poner juntos un número infinito de vacíos.

Cuando empieces a sentir tu vacío de una forma agradable, podrás permitir que la gente se acerque a ti. Y no te limitarás a permitir, sino que siempre estarás invitando, dando la bienvenida;

porque la única forma de que alguien pueda entrar en ti es permitiéndote a ti entrar en él. No hay otra forma. Si quieres entrar en mí, la única forma es dejándome entrar en ti. No hay otra forma.

Pero, tal como eres, cada vez que empieza a ocurrir algo, te entra el miedo, empiezas a huir.

Recuérdalo: cuando algo te da mucho miedo, ese es, precisamente, el momento de no ir a ninguna parte, es el momento de estar aquí. Cuando está ocurriendo algo que te asusta, es cuando está ocurriendo algo. Es un momento muy fecundo y tienes que estar aquí, tienes que entrar en él.

Que preguntes por qué sientes miedo cuando alguien se acerca, es una buena señal, indica que te estás volviendo un poco consciente de tu vacío. Ahora deja que esa conciencia aumente; deja que esa conciencia se convierta en una gran experiencia. Entra en ese vacío y, para tu sorpresa, pronto verás que ese vacío es meditación, ese vacío es lo que yo llamo divinidad, piedad. Entonces te convertirás en un templo; abierto a cualquier extraño que quiera entrar.

Si observo mi propia situación, veo que mi temor por los demás es tan grande que la idea de permitirles acercarse ni se me ocurre. ¿Por qué este miedo a los demás?

Solo se teme a los demás cuando uno se teme a sí mismo. Si te amas a ti mismo, amas a los demás. Si te odias a ti mismo, odias a los demás. En las relaciones con los demás, solo estás tú; reflejado. El otro no es más que un espejo. Por lo tanto, lo que sea que ocurra en una relación, has de tener siempre en cuenta que antes debe haber ocurrido dentro de ti; la relación solo puede magnificar lo que hay dentro de ti. La relación no puede crear nada; solo puede mostrar, manifestar lo que ya existe.

Si te amas a ti mismo, amas a los demás. Si te temes a ti mismo, temes a los demás. Al entrar en contacto con otros empiezas a manifestar tu ser.

Habéis sido condicionados —tanto en Oriente como en Occidente, en todas partes, ya seas cristiano, hindú, musulmán o jainista—, todos habéis sido condicionados a odiaros a vosotros mismos. Os han enseñado que amarse a uno mismo es malo. Se supone que uno debe amar a los demás, no a sí mismo.

Pero eso es un disparate, un imposible; si no te amas a ti mismo, que eres lo más cercano a ti, ¿cómo vas a amar a nadie más? Nadie se ama a sí mismo, sin embargo, todos intentan amar a los demás. Ese amor no puede ser más que odio enmascarado, disimulado.

Lo que estoy diciendo es que primero te ames a ti mismo, porque el amor solo puede extenderse a los demás si antes ha ocurrido en ti. Es como cuando se arroja una piedra a un lago tranquilo, al caer la piedra, aparecerán ondas y, luego, se irán extendiendo hasta llegar a la otra orilla. Seguirán avanzando y avanzando, pero antes ha de caer la piedra.

El amor tiene que haber ocurrido en ti. Antes has de amarte a ti mismo; ese requisito, que no se cumple en ninguna parte del mundo, es fundamental. Por eso hay tanta desdicha en el mundo.

Todo el mundo intenta amar, pero es imposible porque falta el requisito básico, faltan los cimientos.

Ámate a ti mismo y, entonces, de repente, te verás reflejado en todas las partes.

Eres un ser humano y todos los demás seres humanos son como tú. La única diferencia es la forma, el nombre, pero la realidad es la misma. Si sigues adelante, más y más lejos, verás que los animales también son como tú, aunque en la forma sean un poco más diferentes, en el ser no lo son. Verás que incluso los árboles son como tú. Y si vas aún más lejos, las ondas se van expandiendo, entonces, verás que incluso las rocas son como tú, porque también ellas existen como tú. La existencia es la misma, similar.

No hay otra forma: empieza por amarte a ti mismo, luego, deja que el amor se vaya expandiendo. No te pongas ningún límite; sigue adelante hasta el infinito.

Pero si no cumples el primer requisito, si no arrojas la piedra, por mucho que sigas esperando y observando, las ondas nunca llegarán… Solo pueden originarse en tu corazón; no pueden originarse en ningún otro lugar. El amor es una onda en el corazón, una vibración en el corazón, un palpitar, un compartir lo que quiera que seas, una necesidad profunda e intensa de llegar hasta los demás, de compartir tu ser, tu deleite, tu canción. Pero si tu corazón está casi muerto, congelado, y has aprendido a censurarte a ti mismo diciéndote que eres feo, que eres malo, que eso es pecado, que no debes hacer eso, que la culpa es tuya, no puedes aceptarte a ti mismo. Entonces ¿cómo vas a aceptar a nadie más?

Es necesaria una aceptación profunda, una aceptación profunda de lo que quiera y quienquiera que seas; y no solo aceptarlo sino estar dichoso de que *eres*. No debería haber ningún «debería». Abandona todos los «deberías» y el mundo entero cambiará por completo. Ahora, piensas continuamente: «Debería ser esto y lo otro; así podría amar y ser amado». Incluso tu Dios no es otra cosa que un gran censor vigilándote desde el cielo, diciéndote: «¡Compórtate!».

Esto te provoca un malestar contigo mismo. Poco a poco, al estar reprimiéndote a ti mismo, te vas acobardando. Si te relacionas con alguien, puede que la represión salte por los aires y que todo salga a la superficie. ¿Qué pasaría entonces? Por eso, tienes miedo, miedo a relacionarte con cualquier cosa, y te mantienes oculto dentro de ti mismo. Nadie sabe lo feo que eres, nadie sabe lo irascible que eres. Nadie sabe lo lleno de odio que estás, nadie sabe de tus celos, de tu posesividad, de tu envidia. Nadie lo sabe. Has creado una coraza en torno a ti, y vives en esa coraza. No te relacionas con nadie para poder mantener tu imagen. Si te relacionas profundamente con otra persona, la imagen se romperá. La realidad, el encuentro real hará añicos tu imagen; ese es el miedo.

Preguntas: «¿Por qué les tengo miedo los demás?». Les tienes miedo porque te tienes miedo a ti mismo.

Abandona ese miedo. Abandona la culpa que se ha creado en ti. Tus políticos, tus sacerdotes, tus padres, todos son creadores de culpa porque esa es la única manera de poder controlarte y manipularte. Es una treta muy simple, pero muy sibilina, para manipularte. Te han censurado porque si, en vez de ser censurado, fueras aceptado —amado, apreciado, y todo el mundo te dijera que eres bueno—, sería difícil controlarte.

¿Cómo controlar a una persona absolutamente impecable? No tendría sentido. Así que —los sacerdotes, los políticos, los padres—, te dicen que no eres bueno. En cuanto crean el sentimiento de que no eres bueno, se convierten en dictadores; tienen que dictar la disciplina: «Deberías comportarte de tal o cual manera». Primero crean el sentimiento de que vas por mal camino; luego te dan las instrucciones para que sigas el correcto.

Acéptate tal como eres porque es de la única forma que puedes ser. Así es como el todo ha querido que seas. Así es como el todo ha destinado que seas. Relájate, acéptate y deléitate; y la transformación vendrá. La transformación no llega por el esfuerzo; llega por la aceptación de uno mismo con un amor y un éxtasis tan profundos que no haya ninguna condición consciente o inconsciente, conocida o desconocida. Cuando hay aceptación incondicional, de repente, te das cuenta de que los otros no te dan miedo. Es más, disfrutas de ellos. La gente es maravillosa. Son manifestaciones de divinidad. Cuando los amas sacas a la superficie su divinidad.

Cuando amas a una persona, la divinidad de esa persona emerge. Es así; porque, cuando alguien te ama, ¿cómo le vas a mostrar tu fealdad? Simplemente, emerge tu lado bueno. Poco a poco, el lado malo desaparece. El amor es alquímico. Si te amas a ti mismo, tu parte mala desaparece, es absorbida, es transformada. La energía sale de esa forma.

Todo contiene energía. Tu ira y, también, tu miedo contienen mucha energía paralizada, ahogada. Si el miedo desaparece, cae la impostura y la energía se libera. Desaparece la ira; más energía se libera. Desaparecen los celos; más energía aún. Desaparecen los llamados «pecados». No es que tengas que cambiar esas cosas; tú solo tienes que amar tu ser, y ellos cambian. El cambio es un efecto, una consecuencia; se libera una energía tan enorme que empiezas a flotar más y más alto. Te crecen alas.

Ámate a ti mismo. Ese debería ser el mandamiento fundamental. Ámate a ti mismo. Todo lo demás vendrá después, pero eso es la base.

El miedo es la otra cara del amor. Si estás enamorado, el miedo desaparece. Si no estás enamorado, surge el miedo, un miedo tremendo. Los amantes son los únicos que no tienen miedo; los momentos de amor profundo son los únicos en los que no hay miedo. En los momentos de amor profundo, la existencia se convierte en tu hogar, eres aceptado; no eres un extraño, un forastero. Con un solo ser humano que te acepte, ocurre un fenómeno profundo, algo —una flor— se abre en lo más íntimo de tu ser. Alguien te acepta, te valora; no eres insignificante. Tienes cierta importancia, relevancia.

Si en tu vida no hay amor, tendrás miedo. Entonces, en todas partes habrá miedo porque en todas partes habrá enemigos, no amigos, y toda la existencia parecerá ajena; tú parecerás circunstancial, desarraigado, desubicado. Si un solo ser humano puede darte esa profunda sensación de sentirte en casa en el amor, imagínate cómo será estar enamorado de todas las cosas, del todo.

El miedo, en realidad, es la ausencia de amor. Y, que el miedo sea un problema para ti, es una clara señal de que estás mirando al lado equivocado. El problema debería ser el amor; no el miedo. Si el problema es el miedo, significa que deberías buscar amor. Si el problema es el miedo, lo que deberías hacer es ser más amoroso para que alguien pueda ser más amoroso contigo, abrirte más al amor.

Pero ese es el problema: cuando tienes miedo, estás cerrado. Acercarte a otro ser humano te asusta tanto que dejas de intentarlo. Quieres estar solo. Cuando estás con alguien, te pones muy nervioso, el otro te parece un enemigo. Pero, cuando el miedo es tan obsesivo, es un círculo vicioso. La ausencia de amor produce miedo en ti y, entonces, ese miedo hace que te cierres. Te conviertes en una celda cerrada y sin ventanas porque tienes miedo, hay enemigos por todas partes, puede que alguien entrase por la ventana. Te da miedo abrir la puerta porque, cuando abres la puerta, cualquier cosa es posible. Así que, incluso si es el amor el que llama a tu puerta, no te fías.

Una persona arraigada profundamente en el miedo siempre tiene miedo a enamorarse porque, cuando uno se enamora, las puertas del corazón se abren y el otro entra en ti; y el otro es el enemigo. Sartre dice: «El otro es el infierno».

La realidad de los amantes es otra: el otro es el cielo, el paraíso. Sartre debía vivir con un miedo, una angustia, una ansiedad profundamente arraigada. De hecho, debería ser evitado como una enfermedad, una enfermedad peligrosa. Pero a la gente le parece sugestivo lo que dice porque se identifican con ello, sienten que su propia vida es así. Por eso les atrae. Depresión, tristeza, angustia, miedo; esos son los temas de Sartre, los temas de todo el movimiento existencialista, y la gente siente que esos son sus problemas. Cuando hablo acerca del amor, por supuesto, tú sientes que ese no es tu problema; que tu problema es el miedo. Sin embargo, has de saber que tu problema es el amor; no el miedo.

Es como si la casa estuviera a oscuras, yo hablara de la luz, y tú dijeras: «Sigues hablando de la luz. Sería mejor que hablaras de la oscuridad, porque mi problema es la oscuridad. La casa está llena de oscuridad. La luz no es mi problema». Pero ¿te das cuenta de lo que estás diciendo? Si el problema es la oscuridad, hablar de la oscuridad no servirá de nada. Si el problema es la oscuridad, con ella no se puede tratar directamente: no se la puede echar, no se la puede expulsar, no se la puede apagar. La oscuridad es una ausencia, no se puede hacer nada directamente al respecto. Si se quiere hacer algo, tendrá que ser con la luz, no con la oscuridad.

Pon más atención en la luz —en cómo encontrarla, en cómo crearla, en cómo poner una lámpara en la casa— y entonces, de repente, la oscuridad desaparecerá.

Recuerda: el problema es el amor, nunca el miedo. Estás mirando al lado equivocado, y mirando al lado equivocado, por muchas vidas que lo hagas, no podrás resolver nada. No lo olvides, no se debe enfocar el problema en la ausencia; porque, entonces, no se puede hacer nada al respecto. Solo se debe enfocar en la presencia, porque, en ese caso, sí se puede hacer algo para resolverlo.

Cuando se siente miedo, el problema es el amor. Sé más amoroso. Da unos pasos hacia el otro... porque todo el mundo tiene miedo, no solo tú. Si esperas que alguien venga a ti y te ame, puedes esperar toda la vida, porque el otro también tiene miedo. Y si hay algo que aterre a la gente con miedo es ser rechazada.

Si me acerco y llamo a tu puerta, es muy probable que me rechaces, y ese rechazo se convertirá en una herida, así que es mejor no acercarse. Es mejor quedarse solo. Es mejor ir a lo tuyo, no involucrarse con el otro, porque el otro puede rechazarte. En cuanto tomas la iniciativa y te acercas al amor, llega el primer miedo: «¿Me aceptará o me rechazará?». Existe la posibilidad de que él o ella te rechace.

Por eso, las mujeres nunca dan el primer paso; tienen más miedo. Siempre esperan al hombre; es él quien tiene que venir a ellas. Ellas siempre conservan la posibilidad de rechazar o aceptar, nunca se la ceden a los hombres porque tienen más miedo que ellos. ¡Muchas mujeres se pasan toda la vida esperando! Y nadie viene a llamar a su puerta, porque una persona con miedo, en cierto aspecto, se vuelve tan cerrada que ahuyenta a la gente. En cuanto alguien se acerca, la persona con miedo emite tales vibraciones que ahuyenta a cualquiera que se le acerque. Incluso en sus movimientos, delatan el miedo.

Cuando hablas con una mujer, si sientes amor y afecto en cierto sentido por ella, querrás estar cerca, querrás acercarte y hablar. Pero, observa el cuerpo, porque el cuerpo tiene su propio lenguaje. La mujer, sin darse cuenta, se inclinará hacia atrás o simplemente se apartará. Tú te estás acercando y ella se está apartando. Si no puede echarse hacia atrás porque se lo impida una pared, se apoyará en la pared. No inclinándose hacia delante, te está diciendo: «Vete. No te acerques a mí».

Observa a la gente, cómo están sentados, cómo caminan. Hay personas que ahuyentan, a todo aquel que se les acerca, los asustan. Y el miedo, como el amor, es energía, energía negativa. Un hombre que siente amor desborda energía positiva. Cuando te acercas a él, es como un imán que te atrae; es una persona con la que te apetecerá estar.

Si tu problema es el miedo, mira a ver qué pasa en tu personalidad, obsérvala. Debes haber cerrado tus puertas al amor, eso es todo. Abre esas puertas. Es cierto que existe la posibilidad de ser rechazado, pero ¿por qué tener miedo? Lo peor que puede pasar es que el otro te diga que no. Hay un cincuenta por ciento de posibilidades de recibir un no, pero ¿vas a elegir una vida cien por cien sin amor por miedo a un cincuenta por ciento de posibilidades de recibir un no?

Esa posibilidad existe, pero no hay por qué preocuparse, hay muchas personas. Aunque una te dé un no, no te sientas dolido, no te lo tomes como una ofensa. Simplemente recíbelo; como si no hubiera ocurrido. Simplemente recíbelo; a la otra persona no le apetecía ir contigo, no erais el uno para el otro. Sois de estilos diferentes. En realidad, él o ella no te ha dado un no a ti; no es personal. Simplemente, no eras su tipo, sigue adelante. Además, puede que haya sido bueno que esa persona te haya dado un no, porque si te dan un sí, y resulta que no eres la persona adecuada, entonces sí que estarás metido en un buen lío. Sin que te hayas dado cuenta, ¡el otro te ha ahorrado toda una vida de problemas! Agradéceselo y sigue adelante, porque todas las personas no pueden ser adecuadas para todas las personas. Cada individuo es tan singular que, de hecho, es muy difícil encontrar a la persona adecuada. En un mundo mejor, en algún tiempo futuro, la gente tendrá mayor capacidad de movimiento, así que podrán salir en busca de la mujer o el hombre adecuado para ellos.

No tengas miedo a cometer errores porque, si tienes miedo a cometer errores nunca te moverás, y te perderás toda la vida. Es mejor errar que no hacer nada. Es mejor ser rechazado que simplemente quedarse solo, con miedo y sin tomar ninguna iniciativa, porque el rechazo revela la posibilidad de aceptación, es la otra cara de la aceptación. Si alguien te rechaza, otro te aceptará. Uno ha de seguir buscando para encontrar a la persona adecuada. Cuando se encuentran las personas adecuadas, algo encaja. Ambos están hechos el uno para el otro, encajan bien. Eso no significa que no vaya a haber conflictos, que no vaya a haber momentos de enfado y pelea, no. Si el amor está vivo, también habrá conflicto, también habrá momentos de enfado. Eso solo demuestra que el amor es un fenómeno vivo. Algunas veces la tristeza… porque, siempre que haya felicidad, habrá tristeza.

Solo en el matrimonio no hay tristeza, porque tampoco hay felicidad. Uno simplemente tolera al otro; es un acuerdo, es un fenómeno arreglado. Cuando realmente entras en la vida, también hay ira; pero si amas a una persona aceptas la ira. Cuando amas a una persona también aceptas su tristeza. Algunas veces te separas, simplemente, para volverte a acercar. De hecho, tras ello se esconde un profundo mecanismo. Los amantes discuten para volver a enamorarse una y otra vez, así pueden tener pequeñas lunas de miel una y otra vez.

No tengas miedo al amor. Solo hay una cosa que uno debería temer, y esa cosa es el miedo. Lo único que has de temer es el miedo, porque el miedo mutila, es tóxico, es suicida. ¡Vete, salta fuera de él! Haz lo que quieras, pero no te acomodes en el miedo porque esa es una situación negativa.

Para mí, el amor no es un gran problema porque estoy mirando mucho más lejos que tú. Si te pierdes el amor, te perderás la meditación, y ese, para mí, es el verdadero problema. Para ti, puede que todavía no sea un problema, porque si, para ti, el problema es el miedo, entonces el amor ni siquiera es todavía un problema, ¿cómo vas a pensar en la meditación? Pero yo veo toda la secuencia de la vida y cómo se mueve. Si te pierdes el amor, nunca podrás estar en meditación, porque estar en meditación es amor cósmico. No puedes saltarte el amor. Mucha gente lo ha intentado. Por miedo, han intentado evitar el amor por completo, intentando encontrar un atajo directo desde su miedo a la meditación.

Eso es lo que han estado haciendo los monjes durante muchos siglos; cristianos, hindúes, budistas, todos los monjes. Han intentado saltarse el amor. Su oración será falsa, su oración no tendrá vida. Su oración no será oída en ninguna parte, no será respondida por el cosmos. Están intentando engañar a todo el cosmos.

No, uno tiene que pasar por el amor. Pasar del miedo al amor. Del amor, tendrás que pasar a la oración, a la meditación, y desde la meditación, surge la ausencia de miedo. Sin amor: miedo; con amor: ausencia de miedo, y la ausencia de miedo final ocurre en la meditación porque, entonces, la muerte no da ningún miedo, entonces, no hay muerte. Estás en profunda armonía con la existencia; ¿cómo va a existir el miedo?

Así que, por favor, no te obsesiones con el miedo. Simplemente salte de él y entra en el amor. Y no esperes, porque nadie está interesado en ti; si estás esperando, puedes quedarte esperando.

Mi observación es la siguiente: No puedes saltarte el amor; sería un suicidio. Pero, si te limitas a esperar, el amor puede saltarte a ti. ¡Muévete! El amor debe ser apasionado, vivo, vital. Solo así atraerás a alguien. Muerto, ¿a quién le importas? Muerto, la gente se querrá deshacer de ti. Muerto, serás un fenómeno aburrido, un fastidio. Te rodeará tal polvareda de aburrimiento que cualquiera que se cruce contigo sentirá que ha sido una desgracia haberte conocido.

Sé amoroso, vital, sin miedo; y adelante. Si no vas con miedo, la vida puede darte mucho. Y el amor puede darte aún más que la vida, porque el amor es el centro de esta vida. Y desde ese centro se puede pasar a la otra orilla.

A estos tres pasos, los llamo: vida, amor y luz. La vida ya está ahí. El amor, se tiene que conseguir. Puedes perdértelo porque no es dado; uno tiene que crearlo. La vida es un fenómeno dado; ya estás vivo. Ahí, la evolución se para. El amor, tienes que encontrarlo. Por supuesto, hay peligros, riesgos, pero lo hacen hermoso. Primero tienes que encontrar el amor, solo cuando se ha encontrado el amor se puede encontrar la luz. Luego, la oración, la meditación surge. A muchos amantes —aunque los amantes son bastante escasos— les ha ocurrido que, en momentos de amor profundos, de repente, caen en un estado de meditación. Simplemente sentados juntos en silencio, o cogidos de la mano, o tumbados en la playa, de repente, han sentido una necesidad, una necesidad de ir más allá.

Así que, no le prestes demasiada atención al miedo, porque es peligroso. Si le prestas demasiada atención, lo estarás alimentando, y crecerá. Dale la espalda al miedo y ve hacia el amor.

En busca de un camino hacia la ausencia de miedo – Percepciones y meditaciones

PARA ENTRAR PROFUNDAMENTE EN MEDITACIÓN, la puerta ha de ser el miedo o el amor. Si se ha reprimido la muerte, la puerta será el miedo. Si se ha reprimido el sexo, la puerta será el amor. Por ejemplo, en las civilizaciones orientales donde se ha reprimido y todavía se reprime el sexo, lo primero que se afronta en meditación es un profundo resurgir de la energía sexual porque, al entrar en meditación, sale a la luz lo que ha sido reprimido.

Cuando no tienes ninguna represión respecto al sexo, lo que sale a la luz es el miedo. En la mayoría de las culturas occidentales, lo que está reprimido, el tabú, es la muerte, así que tienes que relajarte profundamente y permitirla. Una vez que se permite el miedo, enseguida, se convertirá en muerte; tendrás que ir a través de un momento de muerte. Una vez que el sexo y la muerte dejan de ser tabú, la persona es libre.

Son las dos tretas con las que mantienen cautiva a la humanidad. Una vez que desaparecen, eres libertad; no es que seas libre, eres libertad.

Cuando algo te dé miedo, entra en ello

Entra en aquello que te dé miedo. Deja a un lado todas las medidas de seguridad; apuesta. La vida es para los jugadores pero la mente se ha convertido en un perfecto mercader: siempre calculando, pensando en las ganancias y las pérdidas, sin tomar nunca un riesgo; pero el riesgo es necesario. La vida viene a los que arriesgan, a los que viven peligrosamente, casi al borde de la muerte.

Esa era la atracción de ser soldado, guerrero, en el pasado. Lo que les atraía no era la guerra, sino el peligro; marchar al lado de la muerte. Produce una cristalización en ti, y llega un momento que no queda ningún miedo en ti.

Imagina un estado en el que no haya miedo en ti. Eso es la libertad, lo que los hindúes llaman *moksha*: libertad absoluta. El miedo es la prisión. No hay más prisión que el miedo. El miedo es la cárcel. Nadie te tiene preso… es tu propio miedo, y tú sigues escondiéndote detrás de los muros. Te has quedado paralizado y no puedes salir al descubierto. Tus ojos se han quedado ciegos porque has vivido demasiado tiempo en la oscuridad; por eso, cuando sales, la luz te deslumbra.

Cuando te acercas al miedo, te acercas a la puerta. El miedo es simbólico. Te dice: ahora, ten cuidado, no entres ahí, ahí está la muerte. Sin embargo, la muerte es la puerta a la iluminación, a todo lo hermoso y verdadero. Aprende a morir; es la única manera de conseguir cada vez una mayor abundancia de vida.

La vida solo surge en el riesgo, en el peligro. Cuando el peligro te rodea, algo en ti cristaliza, ese peligro te cambia. El peligro provoca una situación en la que tienes que unificarte. No puedes seguir pensando; te quedas sin pensamientos.

Si alguna vez, de repente, te has encontrado con una serpiente en el camino, habrás observado que, en ese momento, el pensamiento se para. Deja de haber pensamientos inmediatamente; la mente se queda vacía porque la situación es tan peligrosa que no te puedes permitir el lujo de pensar. Pensar requeriría tiempo, y la serpiente está ahí y puede que no espere… puede atacar en cualquier momento.

Así que tienes que hacer algo sin pensar. Tienes que moverte sin mente, saltas; no es que decidas saltar, saltas sin ninguna decisión por parte de la mente. Después de que has saltado, la mente regresa y empiezas a pensar muchas cosas. Puede que te olvides de que el salto surgió de la meditación, que fue espontáneo.

Cuando hay peligro, el pensar cesa. Pensar es un lujo. Cuando la gente se vuelve demasiado segura, piensa demasiado; ruidos sin valor, mucho ruido y pocas nueces. Esta conversación interior se convierte en una barrera para todos los sentidos; se convierte en un peso muerto. No te permite ver, no te permite oír, no te permite vivir, no te permite amar. El miedo mata a la gente antes de que les llegue la muerte. Un hombre muere mil y una veces antes de que le llegue la muerte. La verdadera muerte es hermosa, pero la muerte que proyecta el miedo es algo muy horrible.

Así que, la próxima vez, utiliza esta clave: Cuando surja el miedo, significará que estás cerca del bloqueo que hay que romper; justo ahí, en alguna parte cerca de la puerta. Llama con firmeza y entra. Sé tonto y entra. No intentes ser listo, sé tonto, lo más que puedas.

Sé consciente de los dos extremos

Estos son los dos extremos que hay que recordar: uno es cuando la gente empieza a reprimir su miedo imponiéndose valentía, coraje —que será falso porque en el fondo seguirá sintiendo miedo— y el otro es cuando tiene tanto miedo que se queda paralizada; entonces el miedo se convierte en obstáculo. En ambos casos estarás atrapado en el miedo. Lo correcto es aceptarlo para que no haya necesidad de reprimirlo. Acéptalo con naturalidad; como algo natural, algo que ha de ser así. Acepta que está ahí y, no obstante, sigue adelante, supéralo. No lo reprimas ni dejes que sea un obstáculo. Sigue adelante a pesar de él. Temblarás, claro, porque el miedo estará ahí, pero sigue adelante. Aunque sea temblando, apresúrate hacia el abismo.

No te impongas valentía, porque la valentía impuesta es un sucedáneo, una falsificación. No tiene ningún valor. Sé natural, auténtico, sincero. Sé consciente de que el miedo existe y, no obstante, sigue adelante. A eso me refiero cuando digo a pesar del miedo. ¡Aunque sea temblando —no pasa nada; temblar es bueno— sigue adelante! Tiembla como una pequeña hoja bajo el azote de los fuertes vientos.

¿Te has fijado en la fuerza de una pequeña hoja? Tan frágil, tan débil y, sin embargo, tan fuerte. Aun cuando la tormenta arrecia, la hoja se mantiene temblando; pero ¿te has fijado en su belleza? Hay miedo, porque cuando algo está vivo el miedo siempre está presente. Solo las cosas muertas carecen de miedo. Hay miedo, la tormenta está arreciando, y la hoja es pequeña, delicada, tierna, blanda. Puede ser aplastada muy fácilmente, pero ¿has visto su fuerza? Aun así, sigue bailando, cantando. Aun así, sigue confiando en la vida.

Sé blando, tierno, delicado, ten miedo, pero ni dejes que sea un obstáculo ni lo reprimas. Acepta las limitaciones, las limitaciones humanas pero, no obstante, supéralas y sigue trabajando. Así es como uno crece.

No conviertas la ausencia de miedo en una meta

La meta es una treta de la mente para producir desdicha. Si creas una meta serás desdichado porque estarás creando la ansiedad de cómo realizarla, de que todavía no la has realizado. Y, por mucho que lo intentas, nunca lo consigues. Eres desdichado todo el tiempo y te pierdes todas las dichas de la vida porque tus ojos están enfocados hacia el futuro. Tú estás aquí y tus ojos están enfocados hacia el futuro.

Intenta entenderlo: El cuerpo existe aquí, pero la mente no está aquí. Esa es la dicotomía, ese es el problema. Cuando bebes agua el cuerpo bebe aquí y ahora. El cuerpo no puede beber agua ni en el futuro ni en el pasado, porque el pasado ya no está, y el futuro todavía no es. Cuando tienes hambre, tienes hambre aquí y ahora. No me refiero al hambre que puede crear la mente; estoy hablando del hambre corporal. El cuerpo siempre está en el presente y la mente nunca está en el presente, jamás; por eso se crea la ansiedad, el sentimiento de estar siendo desgarrado. La mente está yendo todo el tiempo hacia el futuro y el cuerpo está aquí. Entonces, la mente empieza a criticarle al cuerpo que está como letárgico, lento, y no le puede seguir el paso.

El cuerpo no está letárgico, simplemente está aquí. Y la mente solo tiene que aprender una cosa: a regresar al cuerpo. Salte de tu mente y entra en tus sentidos y tú también tendrás esa seguridad, esa dicha. No hace falta que ningún dios te proporcione dicha, no hace falta que ninguna fe te proporcione dicha e importancia. Lo único que hay que hacer es puentear tu cuerpo y tu mente; se trata de un proceso simple. Pero no lo conviertas en una meta. Si lo conviertes en una meta, el mismo problema estará volviendo a entrar por la puerta de atrás.

¡Solo has de entender! Entonces, de repente, tienes toda la energía que quieras; te sientes seguro de ti mismo, eres feliz y empiezas a vivir sin miedo. No es que la inseguridad desaparezca; la inseguridad sigue estando ahí, forma parte de la vida, es algo inherente. Solo los necios creen estar seguros; mientras esté vivo, nadie puede estar seguro. Solo estarás seguro en tu tumba, no antes. ¿Cómo vas a estar seguro? Hay enfermedades, muerte, puede morirse tu amigo, puede marcharse tu amante. ¿Cómo vas a estar seguro? El banco se puede ir a la bancarrota, te puedes quedar arruinado, puedes perder tu empleo, puedes perder la vista, puedes quedarte inútil, paralítico. Pueden ocurrir mil y una cosas, ¿cómo vas a estar seguro?

Pero la propia idea de estar seguro crea el problema. Yo ayudo a la gente a empezar a disfrutar de su inseguridad. No es que les proporcione seguridad, ¿cómo podría? Nadie puede hacer eso y, además, tampoco es bueno. Aunque alguien lo pudiera hacer, no debería hacerlo, porque cuando un hombre está seguro, está muerto; no puede estar vivo.

La vida trae consigo la muerte. Cuando se inspira, se tiene que expirar; no se puede decir: «Solo voy a inspirar». Ambas cosas, la inspiración y la expiración, van juntas. La vida es inspiración, la muerte es expiración. El amor es inspiración, el odio es expiración. La dicha es inspiración, la tristeza es expiración. El matrimonio es inspiración, el divorcio es expiración; ¡van juntos!

Ahora bien, si quieres un matrimonio sin divorcio, será un matrimonio artificial; no habrá ninguna dicha en él. Estarás seguro pero no aportará ninguna dicha, porque ¿cómo vas a ser feliz con una cosa muerta? Si quieres que tu esposa esté viva, tienes que aceptar el riesgo. En una mujer hay cierto riesgo; puede que se enamore de otro, ¿quién sabe? Una persona viva está viva; ¡puede que el amor vuelva a surgir! Y tú, si estás vivo, puede que te enamores de otra mujer. La vida no entiende de leyes, de moralidades.

Solo lo muerto puede ser controlado; así que cuanto más muerto estés, más fácilmente serás controlado. Entonces eres un marido o una esposa y esto y lo otro, y las cosas, al menos, parecen seguras. Un hogar de clase media, una cuenta bancaria, un coche en el garaje, una mujer, un hombre, hijos, un buen empleo, hacen que uno se sienta seguro. Pero ¿es eso seguridad? Eso son comodidades, no seguridad; y pueden desaparecer, te las pueden quitar. La seguridad no es posible; solo las comodidades son posibles.

La única seguridad posible es empezar a disfrutar de la inseguridad. Parece paradójico, pero todo lo que es verdad en la vida siempre es paradójico. La verdad es una paradoja. Ama la inseguridad y desaparecerá. No es que vayas a estar seguro, pero cuando empiezas a amar y a disfrutar la inseguridad, ¿a quién le importa? No hay ninguna preocupación o ansiedad al respecto. Uno se siente realmente intrigado. Uno se siente intrigado; se pregunta qué traerá mañana. Y uno se mantiene abierto.

Si sientes miedo, acéptalo

Si tienes miedo y empiezas a hacer algo al respecto, entra en escena un nuevo miedo: el miedo al miedo; se vuelve más complejo. Así que si tienes miedo, acéptalo. No hagas nada al respecto porque «hacer» no servirá de nada. Cualquier cosa que hagas desde el miedo producirá más miedo; cualquier cosa que hagas desde la confusión aumentará la confusión. ¡No hagas nada! Si tienes miedo, siéntelo y acéptalo. ¿Qué puedes hacer? No se puede hacer nada.

«Tienes miedo.» ¿Lo ves? Si simplemente puedes notar el hecho de que tienes miedo, ¿dónde está el miedo? Lo has aceptado;

se ha disuelto. La aceptación lo disuelve, solo la aceptación, nada más. Si luchas con él, produces otra perturbación, y puede seguir así hasta el infinito, no tiene fin.

La gente viene a mí y me pregunta: «Tengo mucho miedo, ¿qué debo hacer?». Si les digo que hagan algo, lo harán con el ser que está lleno de miedo; luego, su acción saldrá del miedo. Y la acción que sale del miedo, no puede ser más que miedosa.

Si tienes un problema, no crees otro. Quédate con el primero, no luches con él porque creas otro. Es más fácil resolver el primer problema que un segundo, el primero está más cerca de la fuente. El segundo se habrá distanciado de la fuente, y cuanto más se aleje de la fuente más imposible será resolverlo.

Si tienes miedo, tienes miedo; ¿por qué ha de ser un problema? Ahora sabes que tienes miedo, igual que tienes dos manos. Hacer de ello un problema, es como preocuparse por tener una nariz en vez de dos. ¿Por qué convertirlo en un problema? El miedo está ahí; acéptalo, toma nota de ello. Acéptalo y no te preocupes más de ello. ¿Sabes qué ocurrirá entonces? Que, de repente, sentirás que ha desaparecido.

Esa es la alquimia interna: cuando lo aceptas, el problema desaparece, pero si con él creas algún conflicto, se vuelve cada vez más complejo. Sí, hay sufrimiento, y de repente aparece el miedo; acéptalo; está ahí, y no se puede hacer nada al respecto. Y no creas que estoy siendo pesimista cuando digo que no se puede hacer nada al respecto. Cuando digo que no se puede hacer nada al respecto, te estoy dando una clave para resolverlo.

El sufrimiento está ahí, forma parte de la vida y del crecimiento, no tiene nada de malo. El sufrimiento es malo cuando solo es destructivo, cuando no hay nada constructivo en él; el sufrimiento es malo cuando no sacas ningún provecho de él. Lo que estoy diciendo es que a través del sufrimiento se puede adquirir visión, entonces es creativo.

La oscuridad es hermosa si de ella surge pronto el amanecer; pero, si es permanente, si no lleva a ningún amanecer, si se mantiene siempre y te quedas en una rutina, en un círculo vicioso, es peligrosa. Si no estás atento, eso puede ocurrir; puedes crear otro sufrimiento para escapar del primero; y luego otro para escapar de ese. Y puedes seguir y seguir, y todos esos sufrimientos que todavía no has vivido te están esperando. Escapas, pero solo de un sufrimiento a otro, porque la misma mente que crea un sufrimiento creará otro. Puedes huir de un sufrimiento a otro, pero el sufrimiento seguirá ahí porque la fuerza creativa es tu mente.

Acepta el sufrimiento, ve a través de él; no huyas. Se trata de una dimensión completamente nueva en la que trabajar. El sufrimiento está ahí; afróntalo, ve a través de él. Te dará miedo; acéptalo. Temblarás, ¡pues tiembla! ¿Por qué disimular el temblor, fingir que no tienes miedo? Si eres cobarde, acéptalo.

Todo el mundo es cobarde. Los que llamas valientes solo están fingiendo. En el fondo, son tan cobardes como cualquiera; de hecho, *más* cobardes porque, solo para ocultar su cobardía, han creado una imagen de valientes de sí mismos e intentan actuar de manera que nadie pueda pensar que son cobardes. Su valentía no es más que una pantalla.

¿Cómo vamos a ser valientes? La muerte está ahí. Si cada uno de nosotros es una hoja al viento, ¿cómo vamos a ser valientes? ¿Cómo no va a temblar la hoja? Cuando el viento sopla, la hoja tiembla. Pero nunca le digas a la hoja: «Eres una cobarde». Limítate a decir que la hoja está viva. Cuando tiemblas y el miedo se apodera de ti, eres una hoja al viento; ¡algo hermoso! ¿Por qué convertirlo en un problema? Pero la sociedad lo ha convertido todo en problema.

Si un niño le tiene miedo a la oscuridad, le decimos: «No tengas miedo, sé valiente». ¿Por qué? El niño es inocente; es natural que sienta miedo en la oscuridad. Tú le exiges —«¡sé valiente!»—, así que él también se exige a sí mismo. Entonces, se pone tenso. Entonces, soporta la oscuridad pero estando tenso; todo su ser está preparado para temblar y él lo reprime. Este temblor reprimido le perseguirá toda la vida. Habría sido correcto temblar en la oscuridad, no hay nada malo en ello. Habría sido bueno llorar y correr a su madre y su padre, no hay nada malo en ello. El niño habría salido de la oscuridad con más experiencia, con más conocimiento. Si hubiera pasado a través de la oscuridad temblando y llorando, se habría dado cuenta de que no había nada que temer. Reprimiendo, nunca experimentarás la cosa en su totalidad; nunca sacarás ningún provecho de ella.

La sabiduría llega a través del sufrimiento y la aceptación. Acomódate a la situación, cualquiera que esta sea. No hagas caso de la sociedad y sus críticas. Nadie tiene derecho a juzgarte, nadie puede pretender ser juez. No juzgues a los demás, ni tampoco dejes que el juicio de los demás te perturbe, te altere. Estás solo y eres único. No has existido nunca antes, y nunca volverás a existir. ¡Eres maravilloso! Acéptalo, y ocurra lo que ocurra, deja que ocurra, ve a través de ello. Pronto, el sufrimiento se acabará convirtiendo en aprendizaje; entonces será creativo.

El miedo te dará valentía, de la ira saldrá compasión. De la comprensión del odio nacerá el amor en ti. Pero eso no ocurre en un conflicto, ocurre yendo a través con conciencia alerta. Acepta, y ve a través de ello.

Nada que perder

No hay nada que temer porque no tenemos nada que perder. Nadie puede robarnos, y todo lo que se puede robar no merece la pena, así que ¿por qué temer, por qué sospechar, por qué dudar? Esos son los verdaderos ladrones: la duda, la sospecha, el miedo. Ellos son los que arruinan cualquier posibilidad de celebración.

Así que, mientras estés en la Tierra, celebra la Tierra. Mientras dura este momento, disfrútalo a tope. Sácale todo el jugo que puede y está dispuesto a darte.

El miedo hace que te pierdas muchas cosas. El miedo nos impide amar, y si alguna vez amamos, siempre lo hacemos a medias, tibiamente. Siempre hay un límite que nunca sobrepasamos. Siempre llegamos a un punto que nos da miedo sobrepasar, así que nos estancamos ahí. El miedo nos impide profundizar en la amistad. El miedo nos impide ser devocionales.

Hay quien dice que la gente reza por miedo. Es verdad; hay

mucha gente que reza por miedo. Pero hay una verdad mayor: hay mucha gente que no reza de todo corazón, por miedo. Con miedo, pueden empezar pero, luego, no llegan muy lejos. Se quedan en un nivel formal, de cliché. Rezan de manera formal pero, en realidad, no se conmueven, no se emocionan; no hay un éxtasis. No se vuelven locos, no se meten a tope. Van con mucha cautela; y toda cautela está basada en el miedo.

Sé consciente, pero nunca cauteloso. La diferencia es muy sutil. La conciencia no está arraigada en el miedo, la cautela sí. Uno es cauteloso para no equivocarse nunca pero, entonces, no puede llegar muy lejos. El propio miedo no te dejará investigar nuevos estilos de vida, nuevos canales de energía, nuevas direcciones, nuevas tierras; no te lo permitirá. Siempre irás por el mismo camino, adelante y atrás, adelante y atrás, una y otra vez. Acabarás como un tren de mercancías.

La conciencia simplemente dice: «Donde sea que vayas, sé consciente de todo lo que hagas. Mantente alerta para poder disfrutar hasta la última gota, estate alerta para no perderte nada».

El miedo es uno de los problemas más básicos que tenemos que afrontar. Si sientes que tu miedo se está reduciendo, redúcelo más. Es como las malas hierbas en el jardín; uno tiene que arrancarlas, quitarlas continuamente, porque si no acaban ocupando todo el jardín. Si dejas las malas hierbas, tarde o temprano, las rosas desaparecerán, las flores desaparecerán, invadirán todo el jardín. Uno tiene que estar arrancándolas continuamente. Es la única forma de tener un jardín hermoso. Cuando se han sacado todas las raíces, ya no hay problema, te puedes relajar.

Esa es la tarea, la disciplina interna, el trabajo.

Gurdjieff solía decir a sus discípulos: «Encuentra tu característica principal», porque todo está conectado a ella. Por ejemplo, si en alguien es el sentimiento de culpa, esa es la característica principal de la persona y todo está conectado a ella. Si desaparece el sentimiento de culpa, todo lo demás caerá por su propio peso. Y para otro tipo de persona es el miedo; entonces, si abandona el miedo, no tiene nada más que abandonar. Todo caerá automáticamente porque todo lo demás solo son brotes que nacen del miedo.

Cuando veas que tienes miedo, abandónalo. Y algunas veces, cuando sea necesario, entra en él. En la vida no hay nada que sea malo, no hay nada que se haya de temer; nada en absoluto. Lo que pasa es que tenemos ciertas ideas implantadas en la mente, de determinados momentos de fragilidad, y se van proyectando. A un niño pequeño se le deja en la cuna, tiene hambre y llora, mira a su alrededor y no ve nada; está oscuro y no viene nadie. La soledad, el hambre, y nadie responde a su llamada, a su llanto, todo se asocia. Se asocia tan profundamente que siempre que esté en la oscuridad, incluso cincuenta años después, empezará a sentir cierto miedo. Esa asociación de cincuenta años todavía está viva. Ya no es un niño, ni está en la cuna, ni depende de la madre, pero ese miedo todavía está en funcionamiento y proyectando.

Así que simplemente observa y no dejes de ir perdiendo miedo. Si logras limpiar tu conciencia de miedo habrás llegado al camino correcto. Entonces es cuando empieza el verdadero viaje de celebración.

El antídoto es disfrutar

El antídoto para cualquier miedo es disfrutar. El miedo surge cuando no disfrutas la vida y cuando la disfrutas, el miedo desaparece. Sé positivo y disfruta más, ríe más, baila más, canta. Sé más alegre cada día, entusiásmate por las cosas pequeñas, por las cosas ínfimas. La vida está hecha de cosas pequeñas, pero si consigues impregnar en ellas la cualidad de la alegría, el resultado es tremendo.

No esperes que ocurra algo extraordinario. Es cierto que a veces ocurren cosas extraordinarias, pero no esperes que ocurran. Las cosas extraordinarias solo ocurren cuando empiezas a vivir las cosas pequeñas, ordinarias, cotidianas, con una mente nueva, con una frescura nueva, con una vitalidad nueva, con un entusiasmo nuevo. Entonces, poco a poco, vas acumulando, y esa acumulación, un día, estalla en pura dicha.

Pero uno nunca sabe cuándo ocurrirá. Uno se tiene que limitar a seguir recogiendo piedrecitas en la orilla. El total se convertirá en un gran acontecimiento. Cuando recoges una piedrecita solo es una piedrecita, pero todas las piedrecitas juntas, de repente, son diamantes. Ese es el milagro de la vida. No hace falta pensar en cosas grandes.

En el mundo hay mucha gente que se pierde ese milagro porque se pasan toda la vida esperando algo grande. Pero solo puede ocurrir a través de las cosas pequeñas como comer, desayunar, caminar, bañarse, conversar con un amigo, sentarse a mirar al cielo solo o tumbarse en la cama sin hacer nada. La vida está hecha de estas pequeñas cosas. Son la materia que constituye la vida.

Hazlo todo con alegría, y todo se convertirá en oración.

Hazlo todo con entusiasmo. El término «entusiasmo» es muy hermoso. Procede de una raíz que significa «dios quiera». Cuando haces algo con mucho entusiasmo, hay divinidad en ti. La palabra «entusiasmo» significa lleno de divinidad. Así que, si pones más entusiasmo en la vida, el miedo y las demás cosas desaparecerán por sí solas.

Nunca te preocupes por negativos. Cuando enciendes una vela, la oscuridad se va por sí sola. No intentes luchar con la oscuridad; es imposible, porque la oscuridad no existe. ¿Cómo vas a luchar con ella? Solo tienes que encender una vela y la oscuridad se irá. Olvídate de la oscuridad, olvídate del miedo. Olvídate de todas esas cosas negativas que normalmente obsesionan a la mente humana. Solo tienes que encender una vela de entusiasmo.

Durante quince días, despiértate con gran entusiasmo —«divinidad interior»—, con la decisión de vivir el día con gran deleite. Y luego, ¡vívelo con gran deleite! Cuando estés desayunando, hazlo como si estuvieras ingiriendo al propio dios; conviértelo en un sacramento. Cuando te estés duchando, hazlo consciente de la divinidad en tu interior; estarás duchando a dios; tu cuarto de baño se convertirá en un templo y el agua cayendo sobre ti, en un bautismo.

Levántate cada mañana con la gran decisión, la certeza, la claridad, la promesa a ti mismo de que el día va a ser maravilloso y de que vas a vivirlo maravillosamente. Y cada noche, al acostarte, recuerda todas las cosas hermosas que han ocurrido durante el día. Recordarlas ayuda a que vuelvan de nuevo al día siguiente. Recuérdalas, duérmete recordando los momentos hermosos que has disfrutado ese día. Tus sueños serán más hermosos. Se contagiarán de tu entusiasmo, tu totalidad, y empezarás a vivir en los sueños también, con una energía nueva.

Cómo obtener la meditación guiada

LA MEDITACIÓN GUIADA *Entender el miedo* que complementa este libro se puede obtener de manera muy sencilla conectándose a la siguiente dirección: www.osho.es y clicando en *Miedo*. Una vez dentro, solo hay que introducir el nombre de usuario que proporciona la página y el siguiente código de descarga: P888853.

Esta meditación guiada contiene un método para comprender qué es el miedo, aceptarlo como una más entre las emociones y aprender a controlarlo para reconducirlo.

Nos gustaría expresar nuestro más sincero agradecimiento por su colaboración a todos aquellos que han participado en la realización de esta meditación guiada, especialmente a Veet Marco, de nuevo por su hermosa e intuitiva composición musical, y a Santoshi Amor, por su hermosa y sugestiva voz.

PARA MÁS INFORMACIÓN:
www.osho.com

OSHO®

Un amplio sitio web en varias lenguas, que ofrece una revista, libros, audios y vídeos Osho y la Biblioteca Osho con el archivo completo de los textos originales de Osho en inglés e hindi, además de una amplia información sobre las meditaciones Osho. También encontrarás el programa actualizado de la Multiversity Osho e información sobre el Resort de Meditación Osho Internacional.

Website:
http://OSHO.com/resort
http://OSHO.com/magazine
http://OSHO.com/shop
http://www.youtube.com/OSHO
http://www.oshobytes.blogspot.com
http://www.twitter.com/OSHOtimes
http://www.facebook.com/osho.international
http://www.flickr.com/photos/oshointernational

Para contactar con OSHO International Foundation, dirígete a: www.osho.com/oshointernational

ACERCA DEL AUTOR

RESULTA DIFÍCIL CLASIFICAR LAS ENSEÑANZAS DE OSHO, que abarcan desde la búsqueda individual hasta los asuntos sociales y políticos más urgentes de la sociedad actual. Sus libros no han sido escritos, sino transcritos a partir de las grabaciones de audio y vídeo de las charlas improvisadas que ha dado a una audiencia internacional. Como él mismo dice: «Recuerda: todo lo que digo no es solo para ti... hablo también a las generaciones del futuro». El londinense *The Sunday Times* ha descrito a Osho como uno de los «mil creadores del siglo XX», y el escritor estadounidense Tom Robbins como «el hombre más peligroso desde Jesucristo». El *Sunday Mid-Day* (India) ha seleccionado a Osho como una de las diez personas (junto a Gandhi, Nehru y Buda) que ha cambiado el destino de la India.

Acerca de su trabajo, Osho ha dicho que está ayudando a crear las condiciones para el nacimiento de un nuevo tipo de ser humano. A menudo ha caracterizado a este ser humano como Zorba el Buda: capaz de disfrutar de los placeres terrenales, como Zorba el griego, y de la silenciosa serenidad de Gautama Buda. En todos los aspectos de la obra de Osho, como un hilo conductor, aparece una visión que conjuga la intemporal sabiduría oriental y el potencial, la tecnología y la ciencia occidentales.

Osho también es conocido por su revolucionaria contribución a la ciencia de la transformación interna, con un enfoque de la meditación que reconoce el ritmo acelerado de la vida contemporánea. Sus singulares «meditaciones activas» están destinadas a liberar el estrés acumulado en el cuerpo y la mente, y facilitar una experiencia de tranquilidad y relajación libre de pensamientos en la vida diaria. Está disponible en español una obra autobiográfica del autor, titulada: *Autobiografía de un místico espiritualmente incorrecto*, Editorial Kairós, Booket.

RESORT DE MEDITACIÓN OSHO INTERNATIONAL

EL RESORT DE MEDITACIÓN es un maravilloso lugar para pasar las vacaciones y un lugar en el que las personas pueden tener una experiencia directa y personal con una nueva forma de vivir, con una actitud más atenta, relajada y divertida. Situado a unos ciento sesenta kilómetros al sudeste de Bombay, en Pune, India, el centro ofrece diversos programas a los miles de personas que acuden a él todos los años procedentes de más de cien países.

Desarrollada en principio como lugar de retiro para los marajás y la adinerada colonia británica, Pune es en la actualidad una ciudad moderna y próspera que alberga numerosas universidades e industrias de alta tecnología. El Resort de Meditación se extiende sobre una superficie de más de dieciséis hectáreas, en una zona poblada de árboles, conocida como Koregaon Park. Ofrece alojamiento para un número limitado de visitantes en una nueva casa de huéspedes, y en las cercanías existen numerosos hoteles y apartamentos privados para estancias desde varios días hasta varios meses.

Todos los programas del centro se basan en la visión de Osho de un ser humano cualitativamente nuevo, capaz de participar con creatividad en la vida cotidiana y de relajarse con el silencio y la meditación. La mayoría de los programas se desarrollan en instalaciones modernas, con aire acondicionado, y entre ellos se cuentan sesiones individuales, cursos y talleres, que abarcan desde las artes creativas hasta los tratamientos holísticos, pasando por la transformación y terapia personales, las ciencias esotéricas, el enfoque zen de los deportes y otras actividades recreativas, problemas de relación y transiciones vitales importantes para hombres y mujeres. Durante todo el año se ofrecen sesiones individuales y talleres de grupo, junto con un programa diario de meditaciones. Los cafés y restaurantes al aire libre del Resort de Meditación sirven cocina tradicional hindú y platos internacionales, todos ellos confeccionados con vegetales ecológicos cultivados en la granja de la comuna.

El complejo tiene su propio suministro de agua filtrada.

www.osho.com/resort